말이 상처가 되지 않도록

말이 상처가 되지 않도록

후회 없이 말하고 뒤끝 없이 듣는 감정 조절 대화법

노은혜 지음

위즈덤하우스

말이 주는 상처에 속지 마세요

상담 현장에서 듣는 고민의 대부분은 관계에 관한 문제들입니다. 그 고민을 깊이 들여다보면 주로 누군가에게 들은 말에서 비롯된 갈등일 때가 많습니다. 의아한 것은 똑같은 말도 어떤 사람에게는 아무런 타격이 없고, 어떤 사람에게는 오랜 시간에 걸쳐 회복해야 할 상처가 된다는 것입니다. 이는 말 자체가 파괴적이라기보다 그 말을 듣는 개개인의 마음밭에 따라 '말'이라는 씨앗의 영향력이 달라짐을 의미합니다. 여기서 말하는 '마음밭'이란 각자의 삶의 역사를 담고 있는 '내적 지도'를 뜻합니다. 이 내적 지도에 가장 큰 영향을 준 이는 바로 우리의 부모입니다. 부모로부터 받은 상처와 해결되지 못한 감정이 많다면 내적 지도는 왜곡되기 쉽지요.

저 역시 켜켜이 쌓인 불순물이 가득한 내적 지도로 인해 다른 사람의 말을 참 많이 왜곡해서 들었습니다. 작은 것에도 쉽게 상처받아 힘들어했고, 혼자 토라져 마음을 닫고 도망가거나, 과민하게 반응하며 똑같이 상처 주는 말로 되갚기도 했죠. 그러다 보니 관계 맺는 일에 참 서툴렀습니다. 제가 하는 말 자체를 바꾸려고 무던히 노력했지만 변화하기는 어려웠습니다. '말'은 나의 내적 지도를 드러내는 '도구'일 뿐이라는 사실을 간과했던 것이지요.

말로 인한 실수를 줄이고, 바라는 바를 정확히 말하고, 남의 말을 왜곡 없이 들으려면, 마음을 먼저 들여다보는 연습이 필요합니다. '나 좀 내버려둬'라는 날 선 말 뒤에는 '더 이상 상처받고 싶지 않아'라는 마음이 숨어 있고, '너는 도움이 하나도 안 돼'라는 비난의 말 뒤에는 '나 많이 외로워. 네가 필요해'라는 쓸쓸함이 숨어 있습니다. 이 원리를 이해하고 마음을 깊이 보기 시작하니 말은 자연히 변화되기 시작했습니다. 나와 상대를 향한 말이 변화되니 자연스럽게 관계 또한 회복되었지요. 이 과정을 겪고 나니 이제는 말이 거친 이들의 마음에 관심을 기울이게 되고, 쉽게 상처받는 이들의 마음 이면에 웅크린 상처받은 아이가 보이고는 합니다.

언젠가 한 내담자가 이런 이야기를 했습니다.

"선생님, 내가 말하는 것과 생각하는 것이 곧 '나'인 줄 알았는데 상담받으며 이제껏 무의식에 속고 살았다는 걸 알게 됐어요. 나라고 생각한 것은 내가 아니라 부모가 비춘 왜곡된 거울 속 내 모습, 허상이었던 거죠. 선생님이 깨끗한 거울로 나를 비춰주니 진짜 내가 보이기 시작했어요. 내가 바라는 대로 생각할 수 있고, 말할 수 있다는 것을 느끼고 연습하면서 참자아를 발견하는 것 같아 행복해요."

왜곡된 거울에 비친 '나'는 '거짓 자아'입니다. 이 거짓 자아는 우리를 참 잘 속입니다. 부모가 자기를 대했듯 형편없는 사람이라고, 사랑받기 위해서는 무엇인가를 성취하고 다른 이에게 모든 것을 맞춰야 한다고 말하죠. 그 가혹한 소리로부터 벗어나는 방법을 모르니 자기 안에서 들리는 거짓 자아의 목소리에 속을 수밖에 없었을 겁니다.

심리치료사 비벌리 엔젤Bevely Engel은 『좋은 부모의 시작은 자기 치유다』라는 책에서 정서적 학대를 당한 사람들은 그 상처를 내면화하거나 외면화한다고 말합니다. 상처를 내면화한 사람들은 자기 파괴적인 생각, 우울, 수동적인 의사소통, 관계 회피적인 성향을 나타냅니다. 반면 상처를 외면화한 사람들은 공격적이고 충동적인 행동을 많이 보이고, 자주 불안해하고 적대적이며 언제나 '되받아칠' 준비가 되어 있습니다.

상처를 내면화한 사람에게 세상은 온통 '나를 공격하는 사람들'로 가득할지 모릅니다. 타인의 말이 깊은 상처로 남을 때가 많죠. 이런 사람들은 자기에게 특별히 예민하게 와닿는 말을 점검하며 내면의 취약성을 발견하고, 정서적 학대자들로부터 스스로를 지켜내고 돌볼 무기를 만들어야 합니다.

상처를 외면화한 사람은 "너는 상처 주는 말을 너무 많이 해"라는 말을 자주 듣게 됩니다. 은연중에 가까운 사람에게 상처 주는 말을 자주 한다면, 그 패턴이 어디서 어떻게 시작되었는지 심도 있는 질문을 해볼 때입니다.

상처 주는 사람은 결국 상처 입은 자신을 보지 못하기에 말로 상처 입을 상대도 보지 못하는 것입니다. 자신의 그림자를 대면하게 되면 다른 사람이 가진 슬픈 그림자도 이해하고 마음으로 볼 수 있는 눈이 생깁니다. 이러한 마음을 발굴하고 계발하는 과정을 심리 용어로 '의식화한다'라고 표현합니다. 이 과정을 통해 정신과 마음이 성숙해져가고 깨달음이 확장될수록, '나'를 받아들이고 상대를 이해하는 폭 또한 넓어지게 될 것입니다.

타인을 비난하는 말, 나를 낮추는 말, 좌절감을 부르는 말을 멈추고 지지와 보살핌, 사랑의 말을 내뱉는 훈련은 왼손으로 젓가락질을 다시 배우는 과정과도 같았습니다. 오랫동안 쓰지 않던 근육을 사용하려니 자주 경련이 일어났고 진전이 없어 포기하고 싶을 때도 많았지요. 하지만 저의 내적 지도에 가득한 가혹한 말, 비난의 말 등은 다른 사람에게 상처를 줄 뿐 아니라 나 자신의 삶 또한 지속적으로 파괴시킨다는 것을 분명히 알았기에 멈추지 않았습니다.

저는 이 책에 수년간 저 스스로를 돌보며 얻은 지혜, 언어치료학과 상담학을 공부하며 깨달은 소통 갈등의 근원적인 해결 방안을 담고자 했습니다. 단순히 말 자체를 바꾸는 스킬이 아니라, 마음이 회복될 때 말이 덩달아 변화하는 원리를 전하고 제가 겪은 변화의 기쁨을 독자분들도 함께 누리길 바라는 소망으로 썼습니다.

이 책을 펼쳐들기까지 얼마나 많은 고민을 하셨을까요. 또 얼마나 애쓰셨을까요. 자신을 지키기 위해, 누군가와 똑같은 삶을 살지 않기 위해, 또는 마음이 병든 누군가로부터 생채기 난 마음을 돌보기 위해 숱한 좌절과 노력을 반복하며 여기까지 살아내오셨겠지요.

당신은 존재 자체로 고귀하기에 당신의 입술과 마음은 사랑으로 채워져야 마땅합니다. 그러기 위해 사랑의 물길을 가로막는 당신 안의 생채기를 발견하고 돌보는 데 이 책이 도움이 되면 좋겠습니다. 누군가의 말로 인해 힘들어하는 자신에게 똑같은 가해자가 되어 '나는 왜 이 모양일까' 모진 말을 반복하는 일을 멈추기를 바랍니다. 나아가 스스로를 속여왔던 '거짓 자아'를 발견하고, 아름답고 경이로운 당신의 본모습을 회복하기를 소망합니다.

노은혜

차례

서로의 말에 다치지 않게
: 관계와 나를 해치는 말버릇 고치기

PART 2

두려움 없이 솔직하게

: 단호하고 분명하게 내 감정 전하기

PART 3

뒤끝 없이 편안하게
: 말과 감정 사이에 안전거리 두기

$$PART\ 4$$

나쁜 감정에 휘둘리지 않게
: 과거의 상처가 만든 불안에서 해방되기

PART 1

서로의 말에
다치지 않게

: 관계와 나를 해치는 말버릇 고치기

난 그런 의도로 한 말이
아니었는데…

∙
∙
∙

뜻밖의 진급 소식을 들은 수정 씨가 주변 동료들에게 축하 선물을 받았다. 동료들의 마음에 감동한 그녀는 팀 단체 채팅방에 글을 올렸다. 선물 사진과 함께 이제껏 표현하지 못했던 진심을 장문의 메시지로 전했다. 그런데 웬일인지 채팅방의 반응이 썰렁했다. 한참의 고민 끝에 수정 씨는 깨달았다. 그 채팅방엔 진급에 누락된 동료가 속해 있었다. 진급에 실패한 동료에게 미안한 감정, 선물을 준 동료들마저 난처하게 만들었다는 자책감에 견딜 수가 없었다.

"차라리 가만히 있었다면 반이라도 갔을 텐데, 괜히 마음을 표현하려다 눈치 없고 배려 없는 사람이 돼버렸어요. 사람들이 나를 어떻게 생각할지⋯⋯ 고의로 그랬다고 오해하지는 않을지 무서워요."

무심코 뱉은 말이 돌이킬 수 없는 오해를 부르고, 그것이 관계 공포증으로 이어지는 경우가 많다. 유명 인사가 한순간의 부적절한 언행으로 대중의 공분을 사는 일도 비일비재하다. 한 언론인은 코로나19 사태를 두고 '대구 사태'라는 말을 사용하면서 가뜩이나 힘든 시기를 보내고 있는 대구 시민들에게 큰 상처를 입혔다. 어느 유명 강사는 강의 중 '7등급 나오면 용접 배워서 호주 가야 된다'라고 발언한 것이 화제가 되며 '기본적인 배려심이 결여된 강사'라는 강한 질타를 받았다.

분위기를 띄우려고, 공감대를 형성하려고, 혹은 수정 씨처럼 단순히 호의를 전하려는 선한 의도로 예기치 않은 실수를 할 때가 있다. 이런 이유로 요즘 직장인들은 오해를 사거나 곤란한 일을 당할지 모르니 점점 더 말을 줄이게 된다고 한다. 상사의 말에 무조건 '넵'이라고 응답하는 '넵병'이라는 신조어가 생긴 것도 비슷한 맥락이라 볼 수 있다.

자신이 내뱉은 한마디로 의도치 않게 분위기가 냉랭해졌거나 심한 오해를 받은 경우, 누구라도 당혹스럽고 난감할 것이다. 힘겹게 꺼낸 한마디가 자기 이미지를 실추했다는 생각이 반복되다 보면 대인관계가 점점 더 어렵고 부담스럽게 느껴질 수밖에 없다. 더는 관계를 위해 에너지를 들여 무언가를 시도하거나, 이야기를 꺼내고 맞장구를 치고 칭찬을 하는 등의 사소한 피드백을 주고받기도 조심스러워진다. 이런 이들은 위험을 감수하느니 차라리 '관계'라는 망에서 멀어지기를 선택한다.

'깊은 관계는 바라지도 않아. 차라리 입 다물고 남에게 피해 안 주고 실수 안 하고 사는 게 낫지.'

이런 생각이 오랫동안 지속되면 사람들과 친밀한 유대감을 공유하는 관계는 더 이상 기대할 수 없게 된다. 제일 큰 문제는 '관계를 힘들어하는 나'를 수용하지 못하거나 '나는 말도 제대로 못해'라며 자존감을 갉아먹는 생각의 굴레에 빠지는 것이다.

그렇다면 이런 '말실수 트라우마'를 사전에 방지하려면 어떻게 해야 할까? 상대방에게 말을 건네기 전 몇 가지만 유념하면 뜻하지 않은 실수로 오해받거나 자책하는 상황에서 벗어날 수 있다.

호감을 잃는 대화의 대표적인 패턴들

❶ 너무 과장된 칭찬은 실례가 될 수 있다

"이야, 오늘 완전 손예진인데!"

'사람들 듣는데 민망하게 뭐라는 거야. 놀리는 거야, 뭐야?'

평소 그다지 친하지 않던 선배의 뜬금없는 칭찬에 민영 씨는 당황스럽다. 게다가 '손예진'이라니. 터무니없이 과장된 칭찬을 어떻게 받아야 할지 몰라 민영 씨는 대꾸가 없고, 말을 건넨 선배는 민망해졌다.

칭찬을 하는 건 좋은 의도지만, 모든 칭찬이 좋은 의도로 전달되지는 않는다. 의도가 왜곡되지 않게 선의를 전하려면, 가급적 구체적인 표현으로 전달하는 것이 좋다.

"민영아, 오늘 블라우스 정말 잘 어울리네. 노란색이 얼굴에 잘 받는다."

"어제 조별 과제 정리 진짜 잘했더라. 네 덕에 점수 잘 받겠어. 고마워."

"이번에 김 대리가 낸 아이디어 정말 획기적이고 신선했어. 김 대리는 사고방식이 남달라서 나한테 좋은 자극이 돼."

칭찬하고 싶은 부분을 구체적으로 언급할 때 상대방이 모호한 칭찬을 지레짐작하여 오해할 여지가 줄어든다. 또 구체적인 칭찬은 세심한 관심으로 느껴져 그 말을 하는 대상에 대한 호감도도 올라간다.

❷ 변명은 나를 보호해주지 않는다

아진 씨는 작년 신입사원 관리팀으로 배정받은 뒤로 힘든 시간을 보내고 있다. 일 처리가 느리고 실수가 잦은 후배 때문이다. 차분하고 정 많은 그녀는 어수룩한 후배를 살뜰히 챙겨줬다. 실수를 해도 질책하지 않고 업무 스킬이나 미리 숙지해야 할 내용을 꼼꼼히 알려줬다. 그런데 후배는 번번이 가르쳐준 내용을 잊거나 지시한 과제를 해오지 않았다.

과제를 해오지 않는 이유를 물으면 그는 이런 식으로 답했다.

"아니…… 어제 하려고 했는데요, 저녁에 제가 한 실수에 대해서 생각하다가…… 내가 이 일을 계속할 수 있을까 고민이 되고…… 속상한 마음에 누워 있다가 그만 잠이 들어버려서……."

그는 매번 질문에 변명으로 답하기를 일관했고, 두 사람의 대화는 아무런 결론도 없이 흐지부지되곤 했다.

자신이 책임져야 하는 일에 타인이나 상황을 탓하며 책임을 회피할 때 생산적인 대화는 이뤄지지 않는다. 더구나 사례 속 후배는 문제 해결에 대한 의지조차 없기에 선배의 요구가 간섭, 잔소리로 들릴 뿐이다.

누구나 자기 실수를 방어하기 위해 다른 사람을 탓하거나 상황에 책임을 묻고 싶어질 수 있다. 자연스러운 심리다. 하지만 회피하고 탓하고 핑계 대는 언어를 습관적으로 사용한다는 건, '나는 무책임하고 나태하고 배려 없는 사람입니다'라고 광고하고 다니는 것이나 다름없다. 눈앞에 닥친 문제를 해결할 수도 없을뿐더러 상대방과 자신 사이에 단단한 차단막을 치는 대화 습관이다.

❸ 나의 인정 욕구는 타인의 박탈감을 부추긴다

"내 립스틱 이거 예쁘지? 며칠 전에 남자 친구가 사준 거야. 내가 비싼 브랜드라 안 받는다고 했는데 몰래 사서 내 가방에 넣

어둔 거 있지."

오랜만의 동창 모임. 뜬금없이 튀어나온 호정 씨의 자랑에 분위기가 어색해진다. "아, 그렇구나", "좋겠네"…… 영혼 없는 반응과 침묵이 이어지자 한 친구가 얼른 대화의 주제를 바꾼다.

저마다의 회사 생활과 고민을 나누는 사이, 호정 씨가 다시 한번 말을 꺼낸다.

"야, 우리 회사는 지난달에 보너스 올려줬잖아. 진짜 복리후생하나는 끝내주는 것 같아."

분위기는 다시 싸늘해지고, 친구들의 표정은 굳어간다.

인정받고 싶은 욕구가 넘치는 호정 씨와 대화할수록, 친구들은 상대적으로 무능감, 열등감, 박탈감을 마주할 수밖에 없다. 그녀의 대화법은 관계에 언제 폭발할지 모를 시한폭탄을 심는 일과도 같다.

좋은 일을 자랑하고 싶은 마음이 넘칠 때, 관계를 해치지 않는 선에서 정보를 전하려면 자신을 낮추는 말부터 시작하는 게 좋다.

"우리 회사 연봉이 너희보다 좀 낮은 편이었잖아. 그래서 늘 고민이었는데, 지난달에 보너스를 올려줘서 마음이 좀 놓였어."

모든 대화의 센스는 상대방과 그 자리에 대한 배려에서 나온다. 똑같은 정보를 전하더라도 그 안에 상대방의 상황과 마음에 대한 배려가 있느냐, 없느냐에 따라 표현은 완전히 달라진다.

어쨌거나 나를 비하하는 말은
하지 말 것

●
●

●

지영 씨는 사소한 것부터 자기를 비하하는 말에 익숙했다.

"너 머릿결 진짜 좋다, 난 완전 돼지 털인데. 난 진짜 제대로 타고난 게 하나도 없어."

만날 때마다 열등감을 드러내는 지영 씨를 위로하려고 친구들은 매번 애써야 했다.

"아니야. 너도 머릿결 괜찮은데, 뭐. 나 이 제품 쓰고 나서 좋아진 건데 너도 한번 써봐" 하고 화제를 돌리면 지영 씨는 "넌 어떻게 이런 것도 그렇게 잘 찾아내? 나는 정보력도 없는 데다 잘 찾지도 못하는데" 하고 모든 얘기를 부정적으로 받는다. 칭찬과 위로, 격려로 지영 씨의 기를 살려주려고 노력하던 친구들은 달라지는 것이 없는 지영 씨의 반응에 점점 지쳐갔다.

자기비하에 익숙한 이들은 대개 자기연민이라는 함정에 빠져 있다. 이들의 심리 기저에는 관심받고 돌봄받고 싶은 열망이 깔려 있다. 그래서 자신의 단점, 약점을 자꾸 어필하거나 스스로를 깎아내리는 말들을 건네면서 상대방이 주는 측은한 눈빛과 위로, 격려와 관심으로 공허한 마음을 채우려 한다. 스스로 자기를 돌보는 방법을 모르니 다른 사람에게 정서적으로 의존하게 되는 것이다.

그런데 안타깝게도 자기를 돌볼 줄 모르는 사람은 다른 사람이 주는 돌봄도 제대로 받아 누리기 어렵다. "너 내가 불쌍해서 그런 말을 하는 거지?", "진심으로 하는 말 아닌 거 다 알아"라며 상대방의 의도를 의심하는 반응을 보이기도 한다. 결국 원하는 돌봄도 누리지 못할 뿐 아니라 함께하는 사람을 지치게 만들어 관계를 그르친다.

스스로를 돌보고 위로하며 정서적 허기를 채울 수 있어야만, 다른 사람이 진심으로 건네는 위로로 마음을 채울 수도 있다. 이렇게 되면 자기비하 같은 잘못된 방식으로 사랑과 관심을 구하려 애쓸 필요도 없어진다.

벗어나야 할 자기비하의 함정 3가지

　자기를 비하하는 표현에는 치명적인 함정 세 가지가 있다.

　첫째, 관계가 단절된다. 자기비하는 같은 공간에 있는 상대방의 에너지를 빼앗는다. 한두 번은 마음을 쓰며 위로해줄 수 있지만, 받아들여지지 않는 위로를 계속해서 되풀이해야 할 때 당사자는 무력감과 좌절감에 지쳐 관계 자체에 대한 부담감을 가질 수밖에 없다. 즉 자기비하는 '관계를 단절하는 언어'와 동의어다.

　둘째, 나를 낮출수록 나는 더 낮아진다. 생각에도 습관이 있다. 생각은 자주 하는 방향으로 길을 내고 터를 닦으며 경로를 확장한다. 사소한 일 하나하나를 자신을 비하하는 요소로 삼거나 자책한다면 생각의 길은 '내게 가혹한 방향'으로 굳어지고 만다. 그 기간이 오래될수록 자기를 낮추는 생각에 익숙해져서 스스로를 인정하고 수용해 마땅한 상황에서도 자기에게 긍정적인 감정을 느끼는 일에 거부감을 갖게 된다. 벗어나고 싶어도 벗어나지 못하는 생각의 굴레에 빠지는 것이다.

　셋째, 자기비하는 현실이 된다. '자기충족적 예언self-fulfilling prophecy'이라는 심리학 용어가 있다. '말이 씨가 된다'는 속담처럼, 사실이 아닌 생각을 실제라고 판단하고 믿으면 그 믿음이 실제가 되는 현상을 말한다. 가령 비만이 아님에도 스스로 '뚱뚱하다'고 여기고 그것이 팩트라고 판단할 경우, '어차피 나는 뚱뚱하니까'라는 생각 습관은 더 많이 먹게 만들고, 점점 자신이 실제라고 생각하는 대로 몸무게가 늘어나 비만이 된다. 자신이 바라보고 해석한 대로 그 믿음이 충족되는 심리적 원리다. 자기비하는 결국 '내가 벗어나고 싶은 모습에 더 가까워지는' 습관이다.

자기비하 습관에서 벗어나기

❶ 관찰하고 적용하기

자존감 높은 사람이 되고 싶다면, 주변에서 자존감이 높아 보이는 사람들을 찾아보고 그들의 언어 습관을 관찰해보자. 평소 자기에 대해 어떻게 말하는지 기록하고, 그중 아주 작은 것부터 똑같이 따라 해본다.

❷ 내가 받고 싶은 돌봄을 나에게 먼저 해주기

주변 사람들에게 가장 듣고 싶은 말이 무엇인가? 어떤 말을 들었을 때 따뜻한 보살핌을 받는다고 느끼는가? 그 말을 자신에게 걸어보자.

"오늘은 이걸로도 충분해."

"나는 점점 더 나아지고 있어."

"나는 나를 소중히 여기고 다정하게 돌봐줄 거야."

자기비하에 익숙한 사람들은 자기 욕구를 명확하게 알아차리는 것이 힘들기 때문에, 어떤 상황에서 마음이 편안하고 즐거워지는지 하나하나 기록해보는 것이 좋다.

또 누군가에게 선물을 받을 때 기쁘다면 주말에는 자신에게 작은 선물을 해줄 수도 있다. 이런 경험을 늘려가면 자신의 욕구를 세밀하게 알아차리게 될 뿐 아니라, 긍정적인 느낌과 경험을 쌓아가며 올바른 방향으로 자신을 돌보는 방법을 알아가게 될 것이다.

❸ 다른 사람들에게 요청하기

신뢰할 만한 사람에게 받고 싶은 돌봄을 요청하는 것도 한 방법이다. 먼저 상상해보자. 힘들어하는 친구가 당신에게 "오늘 저녁 같이 먹을 수 있어? 나 힘든 일이 있는데 너랑 같이 맛있는 거 먹으면 기분이 풀릴 것 같아"라고 말한다면 어떤 기분이 들까? 자신과 밥 한 끼 먹는 것으로 힘든 마음이 풀릴 것 같다니, 스스로가 굉장히 유의미한 존재로 느껴지지 않을까? 사람들은 생각보다 인색하지 않다. 그리고 타인에게 도움을 주고 싶어 한다. 도움을 베풀어줌으로써 누군가가 살아갈 힘을 얻으면 자기 역시 자존감과 유능감이 회복되기 때문이다. 자기비하에 익숙한 사람들이 관계의 이로운 면을 누리지 못하고 돌봄받을 기회를 놓치는 또 다른 이유는, 마음은 원하지만 명확하게 말로 표현하지 않기 때문이다.

오늘은 당신이 신뢰하는 사람에게 원하는 것을 구체적으로 요청해보자.

"다음에 데이트할 때 꽃 한 송이 주면 나 너무 행복할 것 같아."
"지금 내 장점 세 가지만 얘기해주면 기분이 나아질 것 같아."
"아무 말 말고 1분만 안아줘."

칭찬을 무력감으로 돌려주지 말자

"대리님, 그 셔츠 너무 예쁘네요."
"에이, 이거 엄청 싼 거야."

"정말요? 그렇게 안 보이는데. 되게 고급스럽고 잘 어울리세요."

"싸구려라 그런지 입자마자 여기 올도 풀리고…… 안 입던 색깔을 입었더니 어색해."

"아, 네……."

이 사원은 어색한 분위기도 풀고 직속 상사 김 대리의 기분도 좋게 해줄 겸 진심을 담아 칭찬을 건넸다. 하지만 거듭 돌아오는 부정적인 반응에 민망해졌고, 앞으로 김 대리에게는 업무적인 말만 해야겠다고 다짐한다.

우리도 종종 다른 사람의 칭찬에 김 대리처럼 반응할 때가 있다. 누군가 자신의 성취나 잘한 것에 대해 칭찬해줄 때 "감사해요"라는 말보다 "운이 좋았어요", "얻어걸린 거예요"라는 말이 먼저 나온다. 새로 산 옷, 변한 외모에 대한 칭찬을 들을 때도 "저는 민지 씨처럼 안 날씬해서……", "좀 안 어울리는 것 같아요" 식의 자기비하 표현으로 받고는 한다.

한마디로 칭찬을 누릴 줄을 모른다. 어색해서이기도 하고, 그냥 그 칭찬을 넙죽 받아버리면 잘난 척하는 것처럼 비치지 않을까 싶어 자기를 낮추는 반응을 보이는 데 익숙한 것이다. 숨은 동기는 겸손해 보이려는 것이겠지만, 사실 이런 행동은 말을 건넨 대상을 민망하게 만들 뿐이다.

상대의 칭찬에 무의식적으로 받아치는 자기비하나 거부적 표현은 스스로를 향한 비난의 메시지와도 같다. 자신을 겸손하게 낮추는 것과 비하하고 깎아내리는 것은 완전히 다르다. 동기가 어떻든 밖으로 내뱉는 자기비하의 표현은 '나는 못난 사람', '나는 고급스러운 옷을 입으면 안 되는 사람', '나는 이런 칭찬이 과분한 사람' 같은 '자신에 대한 왜곡된 이미지'를 강화시켜 자존감을 낮추는 요인이 된다.

이런 표현들은 자기에게 해가 될 뿐 아니라 상대와의 관계에도 부정적인 영향을 끼친다. 칭찬을 거부하고 자기를 깎아내린다고 겸손해 보이는 것도, 자기를 미워하던 상대방이 더는 안 미워하게 되는 것도 아니다. 오히려 '저 사람한테는 뭔말을 건네기가 부담스러워', '좋은 말을 해줘도 기분 나쁘게 반응하네', '괜히 칭찬했다가 위로해주게 생겼네'라며 불편한 감정을 느낀다.

소소한 것을 줘도 기쁜 마음으로 감사히 받는 사람에게 뭐라도 하나 더 주고 싶은 게 인지상정이다. 좋은 것을 건넸는데 그것이 무안함, 거절감 등 부정적인 감정으로 돌아오면 주고 싶은 마음이 가시는 동시에 가까이하기도 꺼려진다.

작은 칭찬에 더 큰 감사로 보답하기

에이브러햄 링컨은 "한 바가지의 식초보다 한 방울의 꿀로 더 많은 파리를 잡을 수 있다"라고 했다. 스스로를 깎아 내리는 자기비하의 말보다, 상대의 호의를 감사히 받고 더 아름다운 말로 돌려주는 한 방울의 꿀이 당신 곁으로 더 많은 사람이 모여들게 할 것이다.

우리가 종종 잊는 사실 하나가 있다. 칭찬은 하는 사람에게도 꽤 용기가 필요한 일이라는 것이다. 당신이 누군가를 칭찬할 때를 생각해보라. 정신적 에너지와 감정을 들여야만 가능하지 않은가? 칭찬은 누군가가 당신을 위해 용기를 내어 긍정적 에너지를 선물하는 것과도 같다. 칭찬해주는 사람이 기대하는 반응은 그 말을 들은 상대의 기분이 행복해지고, 함께하는 공간이 긍정적인 에너지로 넘쳐흐르는 것이다. 그런데 상대가 칭찬을 받아들이지도 않고 되레 부정적인 에너지를 돌려준다면, 상대는 호의를 거절당했다는 느낌에 사로잡힐 수 있다.

누군가 칭찬을 해준다면 용기를 내서 그 선물을 더욱 기쁘게 받아보자.

"감사해요, 어제 새로 산 원피스인데 알아차려주시니 돈

쓴 보람이 있네요. 처음으로 알아봐주셨어요. 눈썰미가 대단하세요."

작은 칭찬에 큰 행복을 표현한다는 건 한편으로 상대방에게 기쁨을 선물하는 일이기도 하다.

💬 칭찬을 센스 있게 받는 연습

칭찬을 센스 있게 받는 태도의 포인트는 변화 혹은 노력, 성과를 알아봐준 상대방에게 감사를 표하는 것이다. 알아차림의 센스나 관찰력을 언급하여 칭찬을 되돌려주면 관계 또한 더욱 돈독해질 것이다.

"김 대리님, 지난번 발표 정말 인상적이었어요. 존경합니다."
☹️ "아니야, 나 그때 엄청 떨었어."
🙂 "고마워. 열심히 준비했는데, 그렇게 말해주니 힘이 나네."

"파마했어? 머리 귀엽다."
☹️ "너무 뽀글뽀글하지 않아? 망한 것 같아."

☺"스타일 변신하고 싶어서 해봤는데, 귀엽다고 해주니 기분이 좋네."

"오늘 고기 너무 맛있게 잘 먹었어. 고마워."

☹"여기 뭐 비싼 곳도 아닌데."

☺"고마워. 맛있게 잘 먹었다니 나도 기분이 좋네. 다음에는 더 맛있는 곳으로 데려갈게."

어디까지 드러내고
어디부터 감춰야 할까?

민정 씨는 회사 동료 수진 씨와 단둘이 출장을 갔다.

평소 둘은 동료 이상의 친분이 없었는데, 수진 씨가 의외의 말을 했다.

"민정 씨는 자기 이야기를 잘 안 하니 왠지 모르게 벽이 느껴져요. 가끔 좀 섭섭하기도 하고요."

뜬금없는 말이었지만, 삭막한 회사에서 자기와 가까워지고 싶은 사람이 있다는 게 내심 반갑기도 했다.

수진 씨가 다시 물었다.

"사실 제가 심리 쪽으로 관심이 많거든요. 민정 씨는 회사 밖에서 관계가 어때요? 부모님과의 관계라든지……. 수진 씨가 어떤 삶을 살아왔는지 궁금해요."

너무 사적인 질문 아닌가 싶었지만, 심리학에 관심 많은 그녀라면 자신을 이해해주지 않을까 싶었다.

"수진 씨가 느끼는 게 뭔지 알 것 같아요. 사실 저도 관계에 대한 고민 때문에 상담을 받고 있어요. 저는 어릴 적에……."

이야기는 한참 이어졌다. 처음 말을 꺼낼 때의 부담감, 두려움과는 달리, 이야기를 할수록 옛 생각에 감정이 동요되어 오랜 친구들과도 나누지 않던 이야기까지 들려줬다. 그리고 이 계기로 그녀와 더 친밀한 관계로 나아가지 않을까 기대했다.

그런데 집으로 돌아온 후로 마음이 불안해졌다. 왠지 모를 창피함과 수치심, 불안감과 억울함이 밀려왔다. 이유인즉슨, 자신은 깊은 이야기를 한참 털어놓은 반면 수진 씨는 본인 이야기를 전혀 꺼내놓지 않았다는 걸 깨달았기 때문이다.

두 사람은 그 후로 회사에서 깊은 대화를 나눌 기회가 없었고, 시간이 갈수록 민정 씨의 억울한 마음은 커져갔다.

'저 사람은 왜 내 얘길 들으면서 자기 얘긴 하나도 하지 않았을까?'

'괜히 얘기했어. 혹시 다른 사람한테 내 얘길 전하면 어쩌지?'

잘 알지도 못하는 사람에게 괜한 약점을 잡혔다는 기분에, 민정 씨의 억울함, 수치심은 점점 분노와 미움으로 번져갔다.

과도한 자아 노출은 수치심을 부른다

자신의 이야기를 하는 것을 심리학에서는 '자아 노출'이라고 부른다. 심리치료 전문가 매슈 맥케이Matthew Mckey는 『효과적인 의사소통을 위한 기술』에서 자아 노출에 대해 이렇게 말한다.

자아 노출을 함으로써 우리는 다른 사람과의 관계를 흥미 있게 만들고, 친근감을 형성하며, 관계를 투명하고 생기 있게 만든다. 자아 노출이 없으면 자신의 개인적인 경험 안에 고립된다.

자신의 깊은 이야기를 하는 것이 용기가 필요한 일임에도 기꺼이 하는 이유는 상대와의 더 깊은 관계, 진실된 관계로 나아가고자 하는 욕구 때문이다. 하지만 이런 기대와 바람을 갖고 시작해도 이야기를 하는 과정엔 '감정'이 작용하기 때문에 종종 민정 씨처럼 후회할 말들을 내뱉고 부작용을 겪기도 한다.

'A만 나눠야지' 생각했어도 A를 나눌 때 연결된 감정이 B, C까지 생각나게 만든다. 그렇게 너무 많은 감정과 이야기가 오가는 중에, 말을 꺼낸 애초의 목적을 잃어버리고 후에 감당할 수 없는 이야기까지 모두 늘어놓게 되는 것이다.

깊은 이야기가 시작될 것 같으면 대화를 나누는 상황과 자신의 감정이 정돈되어 있는지를 먼저 고려해야 한다. 상황과 연결된 감정이 아직 해결되지 않은 상태라면 솔직한 사람으로 보이려다, 혹은 상대와 더욱 친밀한 관계를 맺으려다 자신을 상처 입히고 관계도 그르치는 불상사가 일어나기 쉽다. 연인과 싸우고 감정이 힘들 때 별로 가깝지 않은 친구를 만났다고 가정해보자. 연인에 대한 험담을 실컷 늘어놓는 순간에는 속이 시원해지는 것 같다. 하지만 막상 남자 친구와 화해하고 나면 그때 같이 험담했던 친구가 미워지거나 수치심이 들기도 한다.

관계를 위해 자신을 적절히 오픈하는 것은 친밀감을 형성하는 조미료로 쓰이기도 하지만, '솔직함', '관계'보다 더 우선해야 할 건 말을 하는 '나의 감정'이다. 솔직함에 치중하다 모든 마음을 털어놓으면 그 비난의 화살은 결국 이야기의 수위를 조절하지 못한 자신, 이야기를 하면서 과거의 사건으로 인해 기분이 상해버린 자신에게로 향하게 된다.

나를 오픈할 때 이것만 기억하자

균형 잡힌 자기 노출은 자신의 감정을 지키고 타인과의 관계도 해치지 않는 길이다. 자기를 드러내는 대화를 할 때는 다음 세 가지를 명심하자.

❶ 상대방과 나 사이의 거리 살피기

상대방과의 신뢰가 어느 정도 형성되어 있는지 점검해보자. 평소 서로 적절한 자기 노출로 관계의 끈이 형성되어 있는지, 사적인 이야기를 해도 안전한 사람인지. 이걸 점검하는 것은 이기적인 게 아니다. 후에 빚어질 자신과 상대를 향한 부정적인 감정을 방지하고 더 좋은 관계를 위해 스스로의 감정을 절제하는 훈련 과정이다.

❷ 침묵으로 감정 점검하기

자신의 이야기를 하며 과거의 상황과 연결된 감정이 떠오른다면, 다시 말해 과거의 일로 인한 상처, 분노가 느껴진다면 말하기를 잠시 멈추는 게 낫다. 잠시 침묵하고 감정이 정돈된 이후에 이야기를 이어가거나, 마음이 진정되지 않는다면 다음과 같이 말하자.

"너랑 이런저런 얘기 많이 나누고 싶었는데, 지금 그 얘기를 꺼내다가 내 마음이 다시 다칠까 봐 겁이 나. 이 감정이 어느 정도 가라앉고 나면 나중에 다시 얘기해도 될까?"

상대방이 진정으로 당신을 위하는 사람이라면 섭섭함을 느끼기보다 당신의 감정을 위해 한 발 물러나줄 것이다.

❸ 하소연 멈추기

누군가에게 하소연하고 싶은 마음이 앞서다 보면 너무 많은 자기 노출을 하게 된다. 상대에게 이해받고 공감받으려 하기보다 먼저 '내가 나를 이해하고 있는가', '그 사건에서 느낀 분노와 아픔을 내가 잘 수용해줬는가'를 알아채는 것이 우선이다. 스스로 자기 감정을 이해하고 수용한 상황에서 나누는 이야기는 관계를 더욱 깊이 있게 만들어준다. 반면 그렇지 않을 때 쏟아내는 부정적 감정들은 자신의 감정에도 해를 가하고 상대에게도 고역이 된다.

건강하고 평등한 관계는 자기 개방의 비율이 동등한 관계다. 이러한 관계일 때 서로의 문제를 드러내어도 수치가 느껴지지 않는다. 자기 내면의 소리를 진실되게 전하고 두려움 없이 어떤 것이라도 말할 수 있으려면 일방적 관계가 아닌 평등한 관계를 먼저 맺어야 한다. 상대가 당신에 대해 궁금해하며 많은 질문을 하면서도 자기 얘기는 도통 꺼내는 일이 없다면, 자기 개방 비율은 당신 쪽으로 점점 기울 수밖에 없다. 이것은 투명한 관계가 아니다.

당신이 자신을 개방해도 상대가 함께 투명해지지 않는다면 당신을 지키기 위해, 더 나아가 훗날 상대에 대한 불신과 의심으로 관계가 깨지는 것을 막기 위해 점검을 해야 한다.

'이 관계는 평등한가.'

'자기 개방의 비율이 동등한가.'

'나는 이 사람에게 내 감정과 사적인 이야기를 꺼냈을 때 안전하다고 느끼는가.'

집을 지을 때는 제일 먼저 터를 잡을 땅이 고른지 확인한다. 관계를 구축할 때도 마찬가지다. 누군가에게 마음을 보여줄 때 자신의 마음이 안전하다고 느끼는지, 온전히 수용되는지를 먼저 확인해봐야 한다. 이것이 튼튼하게 쌓아 올릴 관계를 위한 초석이며 스스로를 지키는 최소한의 노하우다.

누구나 들키고 싶지 않은
마음이 있다

．
．
．

"나 오늘 몸이 안 좋아서 먼저 집에 갈게."

"응? 뭐야, 소개팅한 거 물어보려고 했더니. 설마 또 차였어?"

"야, 무슨 말을 그렇게 해."

"어, 반응 보니 진짠가 보네. 어떤 사람이었는데? 말해봐, 이 언니가 들어줄게. 원래 자기 문제는 자기만 모른다고."

"니가 나를 알면 얼마나 알게? 됐어, 간다."

"뭐야, 소심하게 이런 걸로 삐치기야?"

정은 씨는 기분이 좋지 않았다. 오랜 친구인 미연의 말이 맞았기 때문이다. 소개팅에서 만난 남자가 마음에 들어 잘해보고 싶었지만 또 어긋나고 말았다. '내가 매력이 없나' 싶은 생각에 자존감이 한껏 낮아져 있던 정은 씨는 미연의 말에 더욱 날카로워질 수밖에 없었다. 표현은 거칠어도 사실은 문제를 해결해주려는 마음인 건 잘 알고 있지만, 이날만큼은 친구가 제발 모르는 척 넘어가주길 바랐다.

미연 씨의 대화 패턴을 심리학 용어로 '결론으로 점프하기jumping to the conclusion'라고 한다. 어떤 일이 발생했을 때 과거에 경험했던 일들을 바탕으로 쉽게 속단하고 결론 내리는 것을 말한다.

이런 대화 패턴은 가까운 사이에 자주 나타난다. 미연 씨는 정은 씨를 너무나 잘 알고 있다. 표정과 말투만으로 감정을 짐작할 수 있고, 어떻게 하면 마음이 풀어질지도 잘 안다. 그동안 늘 그래왔듯이 이야기를 들으며 문제를 해결해주고 위로해주고 싶은 마음이 컸을 것이다. 하지만 이 사례에서 드러난 그녀의 화법은 친구에게 들키고 싶지 않은 마음을 당장 도마 위에 올려놓으라고 압박하는 것이나 다름없었다.

사람들은 '공유할 수 있는 비밀'만을 공유한다. 자기 감정이 다치지 않을 정도의 비밀, 누군가에게 전해도 후에 마음의 타격을 입지 않을 정도의 비밀만을 털어놓는다. 직장 상사에게 털어놓는 비밀과 아주 가까운 친구에게 털어놓는 비밀의 농도는 다를 수밖에 없다.

한편 100퍼센트의 마음을 공유해온 가까운 사이라도 60퍼센트만 공유하고 싶은 날이 있게 마련이다. 들키고 싶지 않은 40퍼센트의 감정이 있기 때문이다. 거기엔 자존심, 정체성, 자존감 등, 자기 가치감과 연결된 감정들이 들어 있다.

미연 씨는 바로 그 점을 간과했다. 자기가 본 게 정확하고 선한 의도였다 하더라도 '친한 관계'라는 명분으로 상대의 감정을 지나치게 침범하는 건 폭력의 일종이다. 우리는 종종 가까운 사이라고 해서, 상대방을 잘 알고 있다고 해서, 또는 둘도 없는 친한 사이라고 해서 상대방의 감정을 자주 침범하려 한다. 의도가 나쁘지 않아도 받아들이는 사람은 '존중받지 못한다'는 느낌을 받을 수 있다.

내가 아는 것이 전부라고 생각할 때 관계는 단절된다

"야, 어제 소개팅 어땠어?"

"뭐, 똑같지."

"똑같은 게 뭔데? 좋았어? 맘에 들었어?"

"잘 모르겠어. 시간이 좀 지나봐야 알겠어."

'결론으로 점프하기' 어법을 자주 쓰는 사람을 대하다 보면 이처럼 자신의 감정이나 상황을 감추게 된다. 단서를 조금이라도 줬다간 들키고 싶지 않은 감정까지 나눠야 한다는 불안감이 따르기 때문이다.

"내가 보니 너 이런데", "너 오늘 생리하는 날이야?", "너 남자 친구랑 싸웠지?" 같은 말은 '결론으로 점프하기'에 해당하는 전형적인 표현이다. 이런 말은 상대방의 감정을 존중하지 않는 언어이며, 반복될수록 관계는 나빠질 수밖에 없다. 상대로 하여금 들키기 싫은 부분까지 낱낱이 밝혀지는 불쾌한 감정이 들게 하기 때문이다. 타인의 일방적인 판단은 '내 감정이 읽히고 있고 무언가 주시당하고 있다'고 느끼게 만든다. 그래서 '저 사람과 얘기하면 뭔가 들킬 것 같다'라는 불안과 두려움으로 상대방을 대하므로 마음이 닿는 소통이 이뤄지기 힘들다. 의도하지 않아도 무의식적으로 방어태세를 갖춘 채 대화하다 보니, 어느 순간 빈정거림이 오가거나 형식적인 대화만 이어지게 된다.

짐작은 얼마든지 틀릴 수 있고, 정확하다 하더라도 상대방이 들키기 싫은 부분일 수 있다는 것, 또 평소엔 허물없이 대화했던 주제여도 어느 날은 그 주제를 피하고 싶을 수도 있다는 걸 기억해야 한다.

'해결'보다 '기다림'을 선택하기

A: "나 오늘 몸이 좀 안 좋아서 먼저 집에 갈게."

B: "어제 또 술 마셨지?"

"오늘 오전까지 쌩쌩하더니 갑자기 왜? 꾀병 아냐?"

"딱 보니 남자 친구랑 한바탕 했네."

친한 사이일 경우, 이런 식의 추측의 말을 일상적으로 건네는 경우가 많다. 성급하게 지레짐작하고 단정 짓는 말은 친밀한 관계를 소원하게 하고 단절을 부른다.

모든 상황을 알고 있는 것처럼 느껴져도, 상대의 표정과 행동이 읽혔다고 하더라도 함부로 상대의 감정을 단정 짓지 않아야 한다. 가까운 관계일수록 사람들은 상대방에게 '문제 해결'보다 '헤아림'을 원한다. 말하지 않아도 곁에 있어주는 것이 더 힘이 된다. 그렇기에 서로 존중하고 배려하는 관계를 유지하기 위해서는 상대의 표정과 말투를 일방적으로 진단하고 문제를 해결해주려는 충동을 조금 참아야 한다. 친밀한 사이일수록 그 사람의 감정을 낱낱이 파악하고 무언가를 해주려 하기보다, 신뢰하는 마음을 보이며 상대방이 먼저 마음을 털어놓도록 기다리는 자세가 필요하다.

가령 앞의 예시와 같이 말했을 때 "몸이 안 좋구나. 어쩐지 표정이 어두워 보여서 걱정됐어. 힘들 텐데 데려다줄까?" 정도로만 답한다면 컨디션이 안 좋은 친구도 훨씬 편안하게 받아들일 것이다. 평소와 다른 상대방의 태도에 마음이 불편하기도 하겠지만, 관계를 존중하는 만큼 믿음으로 기다려주는 자세가 필요하다. 상대가 먼저 변화된 감정을 털어놓을 때까지 말이다.

> "옳은 일, 그른 일이라는 생각 저 너머에 들판이 있네, 우리 거기서 만나세."
>
> ― 루미Rumi(이슬람교 신비주의자)

사람은 자신을 배려하고 존중하는 마음을 분명 알아본다. 앞의 사례 속의 정은 씨도 친구가 잠잠히 기다려준다면 감정을 추스른 뒤 마음을 털어놓을 것이다. 상대방이 감정이 상했다면, 그것이 옳고 그른가를 따지기보다 저 너머에 있는 들판에 가 있길 바란다. 얼마 뒤 감정이 정리된 상대는 고개를 들어 들판에서 기다리고 있는 당신을 발견하고 다가와 먼저 설명하고 도움을 요청할 것이다.

가까운 사람에게
비난의 말이 쉽게 나오는 이유

•
•
•

"타인에게 비난의 언어를 얼마나 쓰세요?"

특강 중에 이렇게 질문하면 대부분의 사람은 다음과 같이 답한다.

"비난요? 글쎄요…… 딱히 제가 비난한다고 생각해본 적은 잘 없는 것 같아요."

자신이 비난의 언어를 사용하는지, 아닌지 점검해보려면 그간의 대화들을 떠올려보면 된다. 단, 직장 상사나 안면만 익힌 사람과의 대화가 아닌, 친한 친구, 연인, 배우자처럼 아주 가까운 사람과의 대화여야 한다.

"당신, 핸드폰 게임 좀 그만 하고 책 좀 읽어. 애들 보는데……."

"알겠어, 이것만 하고."

"조금 전에도 그것만 하고 안 한다고 했잖아. 애들이 뭘 보고 배우겠어?

"또 뭔 소리야?"

"당신이 맨날 애들 앞에서 핸드폰만 하고 있으니까 애들도 옆에서 저러고 있는 거잖아. 먼저 모범을 보여야지, 아빠가 돼가지고는……."

"내가 뭐 하루 종일 핸드폰만 하냐? 퇴근하고 잠깐 하는 건데 그렇게 잔소리를 해야겠어?"

"또, 또, 핑계 댄다."

"핑계? 당신이야말로 애들 앞에서 남편한테 빈정거리지나 마. 애들이 뭘 배우겠어? 당신이 그러니 애들도 아빠를 무시하지."

갈등 상황에서 비난의 소통 방식을 택했을 때 벌어지는 전형적인 대화 흐름이다. 비난은 감정적으로 멀리 있는 사람보다 가까운 사람들에게 더 쉽게 표현된다. 자신을 포장하지 않아도 큰 탈이 일어나지 않는 관계라 여기기 때문이다. 언성을 높이고 상대를 비난하는 가면 벗은 모습을 보여도 이해받을 수 있을 거라 믿는다. 행여 치명적인 말실수로 상처를 줘도 결국엔 자기를 수용해줄 거라 믿는 대상에게, 사람들은 역설적으로 비난의 언어를 더 자주 사용한다.

　사람들은 친밀한 사이일수록 타인을 곧 '확장된 나'로 생각하는 경향이 있다. 상대를 통제하고 비난하며 자신이 원하는 대로 따라주길 바라는 것이다. 이런 식으로 관계 맺는 사람들을 심리학에서는 '자기애적인 사람'이라고 부른다. 이들은 상대방이 자신과 다른 주체의 사람이라고 여기는 것에 서툴다. 심리적 거리가 먼 사람들을 대할 때는 별 어려움 없이 잘 지내지만, 가까운 사람, 친밀한 사람들을 대할 때 소통의 문제가 자주 발생한다. 왜냐하면 그 대상을 자신의 팔이나 다리쯤으로 여기기 때문이다. 상대를 자신과 동일시하기에 '저 사람은 나와 다른 생각, 다른 가치관을 가질 수 있다'라는 것을 잘 받아들이지 못하고, '내 생각이 곧 네 생각'이 돼야 하며, '내가 바르다고 생각하는 기준을 너도 당연히 따라줘야 한다'고 여긴다.

　이들의 비난이나 강요, 요구의 말을 들여다보면 타인보다 자기를 위한 표현일 때가 많다. '저 사람이 잘못되면 안 되는데', '좀 더 좋은 사람이 되었으면 좋겠는데', '자꾸 저러면 힘들어질지도 모르는데'라는 생각이 아니라, '저 사람으로 인해 내가 피해를 당하면 어쩌지?', '저 사람의 행동을 바르게 하지 않으면 내가 무슨 소리를 들을지 몰라' 하고 상대방을 통제하며 자신의 존재감을 방어하고 보상받으려 한다.

내면이 건강한 사람은 타인을 비난하지 않는다

내면의 통합이 잘 이루어진 사람은 자기의 정체성을 타인을 통해 찾지 않는다. 자기를 존중하는 것과 마찬가지로 타인을 존중한다. 타인의 시선이나 평가에 관계없이 스스로를 '사랑받을 존재'라고 여기기 때문에, 다른 사람의 감정과 가치관도 인정하고 존중한다. 이들은 타인을 통제함으로써 자신의 불안을 채우려고 하지도 않는다. 상대방이 자신의 존재 가치를 결정짓는 것이 아님을 알기에, 타인을 통해 자신의 부족한 부분을 채우려 하거나 타인의 성공으로 자신의 실패를 보상하려 하지 않는다. 이들은 자신에게도 부족한 모습과 좋은 모습이 공존한다는 것을 받아들이고 자기 안에 있는 다양한 모습을 잘 통합시킨다. 자신을 받아들이듯 상대 또한 부족한 모습과 좋은 모습이 있음을 인정하고 수용한다.

반대로 자신과 타인의 경계가 모호하고 자신의 좋은 점과 나쁜 점을 잘 통합하지 못하는 경우, 타인을 평가할 때도 '좋음'과 '나쁨' 두 가지로 분류하게 된다. 이러한 태도는 상대를 쉽게 비난하게 만든다. 먼저 감정적으로 타인과 깊이 융합되어 있어서 그 사람과 자신을 하나로 생각하기 때문에 상대에게 의존하는 모습을 보이거나 상대의 말이나 행동에 지나치게 큰 영향을 받으며 격정적인 반응을 보인다. 또한 상대를 바라보는 사람들의 시선을 자기를 향한 것으로 받아들이기도 한다. 가족, 친구, 연인을 자기 기준에 맞추고 통제하려고 하는 것도 바로 그런 이유에서다. 그렇게 함으로써 자기 안의 모호한 정체성, 존재감, 낮은 자존감을 보상받고자 하는 것이다. 이들은 비난, 강압, 강요, 통제의 언어로 상대를 움직일 수 있을 때 비로소 안도하고, 그런 식으로 자기 안의 불안감을 해소한다.

비난하는 사람의 내면에는 낮은 자존감이 숨어 있다

거침없이 비난하는 사람들은 할 말을 다 하고 사는 듯 보이니 표면적으로는 뒤끝 없고 강한 사람으로 비친다. 하지만 그들은 타인을 쉽게 비난하듯 자신 역시 가혹한 모습으로 대한다. 이들의 가슴 밑바닥에는 들켜서는 안 될 낮은 자존감이 숨어 있다. 그렇기에 늘 안절부절못하며 자신을 방어하고 보호하느라 외부적으로 공격자의 모습을 보이는 것이다.

평소 혹은 최근 들어 비난의 메시지를 자주 사용하고 있다면 먼저 비난에 대한 오해를 바로잡아야 한다. 상대방을 비난하는 동안은 마치 상대를 통제하는 것 같고 자신이 강한 존재처럼 느껴질지 모르나, 결국 그것은 내면을 해치는 악순환을 일으킨다. 비난은 자기 부족감을 키우고 자존감을 낮추는 소통 방식이다.

상대를 통제하고 몰아붙이며 비난하는 중에 얻는 심리적 안정감, 불안이 해소되는 느낌은 허상이다. 우리는 절대 자기 내면을 외부를 통제하는 수단으로 변화시킬 수 없다. 또한 상대를 긍정적인 방향으로 변화시킬 수도 없다. 불안으로부터 벗어나는 것은 외부를 통제함으로써가 아닌, 자신의 내면을 스스로 통제하고 균형을 잡을 때 가능하다.

상대를 변화시키는 힘은 인정과 수용에서 나온다

우리가 상대를 비난하는 또 다른 이유는 빨리 문제가 해결되길 바라는 마음에서다. 이럴 때 비난을 들은 상대가 잠깐 요구대로 따르는 것처럼 보일지 모르나, 나중에는 정반대의 결과를 불러오기 쉽다. 사람이라면 누구나 공격자로부터의 방어본능을 갖고 있기 때문이다. 모든 사람은 자기 존재를 인정받고 정당화하길 원한다. 이는 인간의 본능적인 감정, 자기 보존 본능과도 연결된다.

손쉽게 제압할 수 있을 것 같은 작은 토끼도 공격적으로 달려들면 모든 에너지를 동원해 제압해야 한다. 인간 역시 누군가로부터 공격을 받으면 자신을 보호하고자 반사적으로 방어본능이 발휘되므로, 스스로를 객관적으로 통찰하는 것보다 공격하는 대상에게 맞서게 된다. 그 과정에서 대화의 본질적인 문제는 사라지고 감정적인 갈등만 심화된다.

정신과 의사 로스 캠벨Ross Campbell 박사는 타인의 인정과 수용이 우리 내면에 어떤 순작용을 하는지 설파한 바 있다. 인정받고 싶고 수용받고 싶은 인간의 마음을 그는 '정서 탱크' 라는 말에 빗대어 설명한다. 게리 채프먼Gary Chapman의 『5가지 사랑의 언어』에 캠벨 박사의 말이 인용되어 있다.

모든 아이의 내면에는 사랑으로 채워지길 기다리는 '정서 탱크'

가 있다. 아이가 진정으로 사랑받고 있다고 느낄 때 그 아이는 정상적으로 성장하지만, 사랑 탱크가 비었을 때 아이는 그릇된 행동을 하게 된다. 수많은 아이의 탈선은 빈 '사랑 탱크'가 채워지기를 갈망하는 데서 비롯된다.

나는 이것이 비단 아이들에게만 해당하는 말이 아니라고 생각한다. 우리 모두에게는 일정량만큼 채워져야만 할 정서적 탱크가 마음속에 있다. 그 정서 탱크는 가족, 친구, 연인 등 사랑하는 사람들로부터 말과 행동으로 지지받고 수용받고 있다고 느낄 때 채워진다. 정서 탱크가 채워진 후에야 상대가 원하는 것을 바라볼 수 있는 눈이 뜨이고, 변화를 향해 움직일 내적 힘이 생긴다.

상대의 정서 탱크가 비어 있을 때 '너는 왜 정서 탱크가 텅 텅 비어 있니! 좀 채워봐!'라고 재촉한들 그 탱크는 절대 채워지지 않는다. 문제가 해결되거나 상대가 자신이 원하는 모습으로 변화되기를 바란다면 강압적이고 두려움을 불어넣는 비난의 메시지부터 멈춰야 한다. 비난의 메시지는 말하는 사람의 기대와는 달리 마음의 벽만 두껍게 만들어 그나마 있던 감정적 교류마저 단절시키고 말 것이다.

정서 탱크는 상대방이 보내는 신뢰와 수용, 지지를 통해 채워진다. 스스로 '사랑받지 못할 만한 행동'을 했다고 생각하는 와중에도 상대방이 자신을 변함없이 사랑하고 있다는 것을 느낄 때, 여전히 자기편이라는 생각이 들 때, 늘 같은 자리에서 지지해주는 사람을 볼 때, 그 사람의 정서 탱크는 가득 차오른다.

'아내가 나를 이렇게까지 믿어주는데 나도 아내가 좋아하는 것을 해줘야겠어.'

'아빠가 이렇게까지 나를 사랑해주는데, 이제 아빠를 위해서라도 그런 행동은 하지 말아야지.'

'내가 그런 잘못을 저질렀는데도 나를 한결같이 대해주네. 그 마음에 보답해서 이 행동을 좀 고쳐봐야지.'

정서 탱크가 가득 차면 이렇듯 긍정적인 내적 동기가 저절로 생긴다. 스스로 변화를 위한 동기를 찾도록 정서적 탱크를 채워주는 것, 그것이 상대방을 원하는 방향으로 변화시키는 가장 확실한 열쇠다.

💬 수치심과 모욕감을 주는 비난의 말

• "너는 왜 늘 그 모양이야", "넌 매번 그런 식이야" 등 한 번의 실수로 그 사람의 전체를 단정 짓는 말.

• "무책임해", "너밖에 몰라", "멍청하게", "바보같이" 등 인격을 공격하는 말.

• "더러워죽겠어", "같이 있기 싫어" 등 경멸하는 말.

• "너 때문에 힘들어죽겠어", "너는 왜 태어났니?", "너는 나쁜 사람이야" 등 존재 자체에 대한 거부감을 나타내는 말.

• "당신이 잘도 하겠다", "눈치도 없이", "염치없게", "기대한 내가 바보지" 등 비아냥대거나 비꼬는 말.

험담을 즐기는
사람들의 심리

·
·
·

[상황 1] "야, 민지는 만날 때마다 자기 자랑밖에 안 하지 않냐? 남자 친구 자랑에 회사 자랑…… 듣기 싫어죽겠어. 걔는 다른 사람 생각은 도통 안 하는 거 같아. 안 그래?"

[상황 2] "김 부장님, 저렇게 술 많이 먹고 들어가서 맨날 와이프한테 잔소리 듣는다잖아. 와이프 진짜 불쌍하지 않냐? 어휴, 저런 사람이랑 결혼할까 봐 진짜 무섭다. 그치?"

다양한 관계에 얽힌 우리는 하루에도 몇 번씩 다른 사람의 불평과 불만을 듣는다. 회사에서, 학교에서, 친구와의 대화에서 험담은 빠지지 않는 얘깃거리가 된다. 누군가가 당신을 그 험담에 끌어들일 때, 어떻게 반응해야 할까?

사람들은 '안 그래?', '너도 그렇게 생각하지?' 하고 동의를 구하며 험담의 자리로 우리를 초대한다. 이럴 때마다 난감한 고민이 시작된다. '분위기 안 깨려면 나도 동조해야 하나', '동의 안 해주면 상처받으려나'…….

험담의 자리에 초대받길 거절해야 하는 이유는, 감정은 전염성이 있기 때문이다. 평소 A에 대해 별다른 생각이 없다가도 누군가로부터 A에 관한 부정적인 이야기를 계속 듣고 있으면 자신 역시 비슷한 감정이 들게 마련이다. 그래서 '생각해보니 그렇네' 하고 동조라도 할라치면 그때부터 상대는 더 깊은 험담의 늪으로 끌고 가려고 한다. 애당초 동조한 이상, A를 험담하지 않는 반대편에 선다는 것은 험담을 주도한 이를 배신하는 것과 같이 느껴진다.

험담하는 이들 마음엔 해결되지 않은 상처가 있다

험담을 자주 하는 사람들의 마음에는 적극적으로 맞서서

갈등을 일으키기는 싫고 자신이 느끼는 분노나 부정적 감정을 소극적으로나마 풀고자 하는 욕구가 숨어 있다. 앞에서 들려준 두 가지 상황 속 사람들의 마음을 들여다보자.

[상황 1]의 수영은 현재 남자 친구와 냉전 중이다. 회사 생활도 녹록지 않다. 친구들은 다들 일도 연애도 똑똑하게 잘해내고 있는 것 같은데 자기만 부족한 것 같다는 비교의식과 열등감이 점점 커져간다. 이 감정을 자기 것으로 인정하기는 자존심 상하고, 내면에 끓어오르는 분노와 불편함을 그냥 품고 있자니 억울한 마음이 든다. 이를 소극적으로 표출하는 방법 중의 하나가 바로 민지를 험담하는 것이다.

[상황 2]의 이 대리는 김 부장과 같은 책임감 없는 남자에 대한 상처가 있다. 자신의 아버지가 그러했기 때문이다. 책임감 없는 남자만 보면 과거에 느꼈던 아버지에 대한 실망감과 불편한 감정이 고스란히 되살아난다. 김 부장을 볼 때 느껴지는 불편한 감정이 근본적으로는 '아버지로부터 오는 감정'이라는 사실을 이 대리는 깨닫지 못한다.

이처럼 험담하는 사람의 내면엔 해결되지 않은 상처가 숨어 있다. 왠지 모를 자기 부족감이나 열등감, 자기만 뒤처지는 기분, 피해를 당하지 않을까 두려운 마음을 험담이라는 소극적인 방식으로 표출하게 된다. 자기 안의 불편한 감정을 직시하고 그것을 내면의 문제로 인정하고 해결하려면 용기가 필요한데, 그 용기가 없는 경우 원인을 타인에게 돌리려는 마음이 생긴다. 이들은 대개 자기 안의 공격성, 분노, 슬픔을 건강하게 푸는 방법을 몰라 험담으로 해결하려 할 때가 많다. 한편 역설적이게도 이들의 마음엔 '누군가 뒤에서 나를 험담하면 어쩌'라는 불안감이 도사리고 있다. 따라서 만일 당신이 이들이 끌어들이는 험담의 대화에 응한다면, 잠깐의 유대감이 형성될지는 몰라도 상대방은 당신을 '언제든 나를 험담할 수 있는 사람'으로 낙인찍을 것이다.

모든 험담에는 심리적 오류가 숨어 있다

'민지는 자기 자랑이 너무 많다'고 험담하는 수영에게 다른 친구가 말한다.
"너도 우리 만날 때 남자 친구 자랑 많이 하잖아."
그러자 수영이 반박한다.

"야, 나는 남자 친구랑 만난 지 얼마 안 됐잖아. 그리고 그때는 상황이 다들 자랑하는 분위기였고."

사람은 자신의 실수나 잘못된 행동에 대해서 얘기할 때 '그럴 수밖에 없었던 상황'을 강조하려는 경향이 있다. 심리학자 리 로스Lee Ross는 이러한 경향성에 대해 '행위자-관찰자 편향actor-observer bias'라고 이름 지었다.

반대로 타인에 대해 이야기할 때는 상황적 요소를 고려하지 않고 그 사람의 성격이나 태도, 가치관과 같은 성향에서 원인을 찾으려고 한다. 이를 '기본적 귀인 오류fundamental attribution error'라고 부른다.

험담은 '사실'이 아니다. 그저 험담을 주도하는 이의 편견, 왜곡된 생각에서 나온 말이므로 심리학적 오류가 있을 수밖에 없다.

논쟁에는 귀를 기울이되 거기에 끼어들지는 말라. 아무것도 아닌 사소한 말에도 격앙과 흥분을 경계하라. 노여움은 어떠한 경우에도 바람직하지 않지만, 옳은 일을 하는 경우에는 더욱 그렇다. 왜냐하면 노여움이 그 옳은 일을 흐려놓기 때문이다.

러시아 소설가 고골리의 말처럼 험담과 논쟁이 오가는 상황에는 거기에 휘말리지 않는 편이 좋다. 논쟁과 험담에는 진리가 없다. 특히 험담은 감정이 상한 누군가, 자기 상처에서 기인한 부정적 감정에 빠진 누군가의 프레임에서 시작되는 왜곡된 대화다.

이것이 우리가 '험담에 끌려가지 않는 기술'을 습득해야 하는 이유다. 그렇다고 해서 "치사하게 뒤에서 남 욕하고 그럼 안 되죠"라고 항변했다가는 불필요한 갈등만 불러일으킬 것이다. 험담의 장을 슬기롭게 피하는 요령은 '험담하는 이의 마음'을 적극적으로 헤아리는 데서 시작된다. 상대방의 생각을 다른 방향으로 전환시키는, 즉 상대가 험담하는 A가 아닌 상대의 내면으로 포커스를 옮기는 것이다.

험담에 끌려가지 않는 기술

험담하는 사람이 험담의 대상이 아닌 자기 자신의 진짜 감정에 접촉하게 하려면 어떻게 해야 할까?

"야, 민지는 만날 때마다 자기 자랑밖에 안 하지 않냐? 남자 친구 자랑에 회사 자랑…… 듣기 싫어죽겠어. 걔는 다른 사람 생각은 도통 안 하는 거 같아. 안 그래?"

이럴 때 "아니야, 네가 잘못 생각했어", "민지 안 그런데", "너 지금 민지 뒷담화하는 거니?"라고 하면 험담의 자리에서 벗어날 수는 있겠지만 그와 동시에 그다음 험담의 표적이 될 것이다. 감정을 공유하고자 하는 상대방의 욕구 자체를 부정해버렸기 때문이다.

이럴 때는 말하는 사람의 마음에 숨은 자기 부족감, 열등감, 낮은 자존감에 귀 기울여 그의 내면을 살펴줄 수 있다.

"아, 정말? 민지가 이야기할 때 그런 생각이 들었어?"
"민지가 어떤 이야기 할 때 그런 생각이 들었어?

말하는 이가 느낀 감정에 한 걸음 더 들어갈 수 있도록 질문하는 것이다.

"네가 민지 얘기를 들으면서 불편한 감정이 느껴진 것 같네."
"뭐가 너를 불편하게 만든 건지 이야기해줄 수 있어?"

이때 친구와의 유대감이 잘 형성되어 있다면 이 질문을 발판으로 험담이 아닌 고민 상담이 이어질 것이다. "사실은 내 남자 친구가……" 하고 숨겨뒀던 속 깊은 이야기를 털어놓을지도 모른다.

이런 '포커스 전환 기술'은 험담하는 자리가 주는 정서적 피로를 줄여주고 제2의 험담 대상이 되는 위험에서 벗어나게 해준다. 또한 이는 자신을 신뢰할 수 있는 사람으로 각인시키는 방법이기도 하다. 언제 배신당할지 모르는 외줄 타기 관계에 스스로를 몰아넣지 말고, 피로하고 비생산적인 대화로부터 유연하게 빠져나오는 방법을 터득하자.

Part 2

두려움 없이
솔직하게

: 단호하고 분명하게 내 감정 전하기

어색한 사람과
온도를 맞추는 법

●
●
●

하은 씨는 같은 부서에서 일하는 동료 현주 씨와 카페에서 시간을 보내게 되었다. 나이도, 업무도 같아서 자연스럽게 서로의 고민을 나누었다. 그런데 시간이 흐를수록 현주 씨와의 대화가 부담스러워졌다. 그동안 살아온 이야기를 하던 그녀가 급기야 가정사, 트라우마 등 감당하기 무거운 이야기를 털어놓았기 때문이다. 처음엔 그저 '나를 신뢰하는구나' 생각했던 하은 씨는 이야기가 길어질수록 '왜 이런 얘길 나한테……' 싶은 생각이 들며 부담스러워졌다. 이후로도 현주 씨는 하은 씨를 만날 때마다 남자 친구와 싸운 얘기, 부모와의 갈등을 아무렇지 않게 얘기했다. 업무적인 일에 더해 개인사까지 들어줘야 한다는 부담감에, 하은 씨는 그녀를 점점 피하게 되었다.

현주 씨와 같은 유형은 어떤 대상에게 친밀감을 느끼면 상대를 과도하게 신뢰한다. 흐름에 따라 서서히 스며드는 관계를 맺기보다, 자기 사람으로 느껴지면 자기 안의 모든 것을 쏟아내려 한다. 이것이 그들이 친밀감과 신뢰감을 표현하는 방식이다. 그래서 누군가와 더 깊은 관계로 나아가려 할 때 자신의 상처나 속 깊은 이야기, 가정사, 고민, 다른 사람의 뒷담화 등 많은 것을 드러내고 공유함으로써 '우리는 긴밀한 관계'임을 확인받으려 한다.

아마 현주 씨는 현주 씨대로 나름의 서운함과 억울함을 느끼고 친구에게 이렇게 말할지도 모른다.

"나는 걔를 믿고 좋아해서 내 얘기도 다 털어놨는데, 걔는 나를 피해."

감정을 공유하는 관계가 건강하다

관계는 일방이 아닌 상호 간에 주고받는 감정적 교류다.

튼튼한 관계의 끈이 형성되기도 전에, 서로의 관계 온도가 어떤지 제대로 파악하기도 전에 자신만의 방식대로 모든 걸 꺼내 보이면 부작용이 생길 수밖에 없다. 이런 경우 자기를 다 꺼내 보인 당사자에게도 수치가 되고, 상대방은 과도한 감정적 부담을 느낄 수 있다. 이야기를 꺼낸 장본인은 자신이 상대방을 신뢰해서 이 얘기, 저 얘기를 다 하듯 상대 또한 그렇게 해주길 기대한다. 순진한 생각이고 허튼 기대다. 혼자서 추측한 작은 단서로 상대를 이상화하는 것 또한 관계의 부작용을 만드는 길이다. '저 사람도 이럴 거야'라는 과도한 기대로 성급하게 얘기를 꺼낸다면, 기대가 충족되지 못했을 때의 실망감과 좌절감을 피할 수 없다. 또한 자신의 이야기를 너무 많이 들려줬다는 수치심이 나중에는 상대에 대한 비난, 미움으로 변질될 수 있다.

관계를 맺는다는 건 서로 다른 온도를 지닌 두 사람이 만나 서서히 온도를 맞춰가는 과정이다. 달리 표현하면 조금씩 두 사람의 중간색을 찾아가는 여정이다. 그 여정에서 대화의 주제는 서로의 상황과 마음을 고려하여 정해야 하고, 말의 빈도수나 드러내는 감정의 농도 면에서도 균형을 맞춰가는 노력이 필요하다.

어색한 사람과는 사실 대화부터 시작하자

대화의 균형을 맞추기 어렵다고 해서 입을 꾹 다물고 상대 방에게 모든 주도권을 넘기는 것 역시 좋은 소통 방법은 아니 다. 어색한 침묵만 흐르고 관계의 친밀감도 쌓이지 않을 것이 다. 그럼 어떻게 하면 대화의 밸런스를 잘 맞춰갈 수 있을까? 가장 안전한 방법은 '사실 대화'로 시작하는 것이다.

타인과 나누는 대화의 주제는 다양하다. 날씨, 뉴스, 인생 의 가치관, 그날그날의 기분 등. 직장 동료라고 해서 업무적 인 대화만 나누면 관계를 발전시키기 힘들다. 업무적으로 만 났든, 사적으로 만났든 관계의 발전을 위해서는 '마음이 통하 는 대화'가 필수다. 너무 가벼워서 겉도는 대화와, 너무 깊어 서 부담스러운 대화 중간 지점에 있는 게 바로 사실 대화다.

사실 대화는 누군가와 우연히 만나 오래 같이 있어야 하 는 상황에 자주 쓰인다. 예를 들어 미용실에서 머리를 한다거 나 상사와 장시간 함께 차를 타고 이동할 때, 어색한 친구와 누군가를 기다리는 상황을 떠올려보자. 침묵으로 일관하기는 어색해 뜨문뜨문 나누는 이야기가 주로 사실 대화에 속한다.

사실 대화는 날씨나 칭찬보다 한 차원 더 오랫동안 대화 를 주고받을 수 있다는 장점이 있고, 서로의 관심사와 공감대

를 형성하기에 좋은 분위기를 만들어준다. 최신 뉴스나 좋아
하는 연예인, 유명인들에 대한 이야기가 적절한 주제가 될 수
있다.

관계의 균형을 맞춰가는 사실 대화 3 STEP

❶ 관심사 파악하기

"주말엔 주로 뭐 하세요?"
"그 뉴스 혹시 보셨어요?"

상대방의 관심사를 파악하면 자연스럽게 이야기를 이어나
가기 쉽다. 뉴스 이야기로 시작해 상대가 관심 있어 하는 이
야기로 주제를 연결하는 것도 좋은 방법이다.

❷ 공감 표현하기

"어, 저도 그거 봤는데 진짜 재밌더라고요."
"저랑 취향이 비슷하시네요!"

공감 표현은 대화의 감칠맛을 내는 수단과도 같다. 이 수준에서 대화가 잘 통하면 주제는 점점 깊어져 몰입 단계로 들어간다. 나누는 주제에 관한 각자의 생각과 가치관을 곁들인 깊이 있는 대화가 가능해진다. 상대방이 이야기할 때 "그런 일이 있었어요?", "재미있을 것 같아요", "정보력이 좋으시네요" 등과 같은 경청 표현을 많이 할수록 대화에 활기가 더해진다.

❸ 공통점 찾아 연결하기

"그런 이야기 들으면 좀 무섭지 않아요?"
"저는 그럴 때 조금 쓸쓸해지던데, 그런 적 없으세요?"

자신의 의견이나 경험, 생각을 전달하는 데 그치지 않고 맥락에 맞는 질문을 던지면 대화의 밸런스가 깨지는 것을 막을 수 있다. 자기 경험을 이야기하면서 자연스럽게 상대방의 경험과 생각을 끄집어내도록 유도하며 이야기의 깊이를 더해 갈 수 있다.

사실 대화는 부작용이 적다

사실적 주제로 나누는 대화는 부작용이 적다. 대화의 깊이가 더해져도 생각, 경험, 지식, 신념에 대한 내용들로 이어지기 때문에 서로 간에 부담을 겪을 일이 줄어든다.

미국 소설가 헨리 제임스Henry James가 남긴 말에 사실 대화를 먼저 시작하는 것이 가장 좋은 이유가 숨어 있다.

"남과 교제할 때, 먼저 잊어서는 안 될 일은 상대방에게는 상대방 나름의 생활 방식이 있으므로 남의 인생에 혼란스럽게 하지 않도록 함부로 간섭해서는 안 된다."

사실 대화는 상대의 생활 방식, 감정에 함부로 개입할 위험을 방지한다. 사람들은 대화 중에 부정적인 단어나 부정적인 감정 표현을 들을 때 자기도 모르게 거부감을 느낀다. 잘알지 못하는 타인이 대화 중에 "저는 그런 게 정말 싫어요", "저는 그런 걸 잘 못해요" 같은 부정적인 말을 쏟아내면 불편함을 느낀다. 한편 "그건 정말 짜릿해요", "이거 정말 엄청나네요"와 같은 과도하게 긍정적인 표현 역시 부담되거나 진실하지 못한 인상을 줄 수 있다. 이에 반해 "어제가 수능이었네요", "수능 날이면 늘 날씨가 추웠는데 어제는 별로 춥지 않았대요"와 같은 사실 대화는 중립의 감정으로 대화를 이어나갈 수 있기 때문에 부작용이 없는 안전한 대화라 할 수 있다.

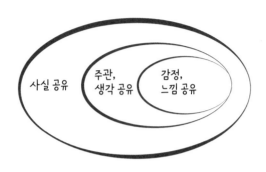

- 사실 공유

  날씨, 유명인, 기념일, 사건, 뉴스 등의 정보 공유.

- 주관·생각 공유

  "그 일에 대해서라면 제 생각은 이래요."

  "제가 책에서 읽었는데……."

- 감정·느낌 공유

  "오늘 좀 힘든 일이 있었어."

  "나 요즘 고민이 있어."

이제 막 알아가는 사이라면 감정을 공유하는 대화가 부담이 될 수 있지만, 가족이나 친구처럼 가까운 사이에는 서로의 생각, 감정을 나누며 더욱 끈끈한 유대감을 형성할 수 있다. 누군가와 친밀해지기를 원하면서 자기를 들키고 싶지 않아, 혹은 드러내고 싶지 않아 오로지 사실 대화만을 주고받는다면 타인과의 유대감을 기대하기 힘들다. 관계의 균형이 어긋나 있다고 느낀다면 누군가와 감정과 느낌을 공유하는 일이 너무 적었던 건 아닌지, 혹 낯선 사람과는 감정을 자주 나누면서 오히려 가까운 사람들과는 사실 대화만 고집하고 있지는 않은지 점검해보자.

억눌린 감정은
가장 사랑하는 사람에게 튄다

•
•
•

사람들은 종종 마음과 일치하지 않는 말과 행동을 한다. 쓴 커피를 좋아하지 않으면서 일행이 모두 아메리카노를 주문하면 "저도 같은 거요"라고 말한다. 좋아하지도 않는 커피를 마시면서 불편한 속마음은 숨기고 얼굴에는 미소를 띤다. "여기 커피 맛 어때? 원두 좋은 거 쓴대"라는 일행의 말에 "그러게요, 다른 집하고는 뭔가 좀 다르네요"라며 분위기를 맞춘다.

동시에 속으로는 다른 말을 한다.

'이 쓴 커피를 6천 원이나 주고 사 먹다니, 돈 아까워.'

말은 쿨하지만 마음은 전혀 쿨하지 못하다. 왜 이런 행동이 나오는 걸까?

동우 씨는 친구가 힘든 상황을 토로할 때 속으로는 걱정되고 도움을 주고 싶으면서 말은 쿨하게 내뱉는다.

"뭐 그런 일로 그렇게 힘들어해."

그가 이렇게 말하는 이유는 무거운 분위기를 얼른 환기시키고 자신과 친구의 불편한 감정을 빨리 없애고 싶은 마음 때문이다.

감정을 솔직하게 표현하는 것이 익숙하지 않은 사람들은 상대가 슬픔을 느낄 시간을 충분히 허락해주거나 상대의 마음에 깊이 공감해주는 일이 어렵다. 오히려 자기 앞에서 불편한 감정을 내보이는 것이 불편하고 두려운 마음까지 든다. 그래서 스스로를 대할 때와 같은 방식으로 상대의 감정을 외면 또는 억압하거나 무시하는 말을 내뱉고 돌아서서 후회하는 일을 반복한다. 다른 의도가 있어서가 아니다. 불편한 감정으로부터 회피하려는 본능이 강한 것뿐이다. 동우 씨도 자신의 아픈 감정들을 어떻게 마주해야 할지, 그 감정들을 어떻게 처리해야 할지 방법을 몰라 항상 마음과는 다른 말이 튀어나왔을 것이다.

감정은 피한다고 사라지지 않는다

감정을 솔직하게 마주하고 표현하는 것이 두려워 숨기거나 피하고 쿨한 척한다고 해도 마음에는 감정의 덩어리가 고스란히 남는다. 오히려 인정받지 못하고 수용되지 못한 많은 감정이 내면에 억압된다. 쌓인 감정들은 아주 작은 외부 자극에도 예민하게 반응하게 만들고, 우울감이나 무력감, 공허함으로 마음을 병들게 할지 모른다. 모든 에너지가 억눌린 감정들이 터지지 못하도록 더 억누르는 데 사용되기에 다른 곳에 쓸 에너지가 없기 때문이다. 그뿐 아니라 감정을 못 본 척하고 억누르는 이들은 타인과 깊은 감정을 나누는 것이 두려워 친밀한 유대감을 맺지 못한다. 자신을 위해서도, 나아가 더욱 진솔한 관계 맺기를 위해서도 마음과 일치하는 말을 하는 연습이 필요하다.

민주 씨는 회사에서 배려도 잘하고 양보도 잘하는 직원으로 소문나 있다. 많은 사람과 두루 친하게 지내고, 본인이 원하지 않는 요구를 받아도 웃으면서 수용해준다. 때때로 억울하거나 오해받는 일이 있어도 갈등이 불거지는 것이 싫어 늘 자신이 먼저 사과하고 해결하려 한다. 마음속엔 억울한 감정이 그득하지만 '나만 참으면 모든 게 괜찮다'라는 마음으로 감정을 묻어둘 때가 많다. 그런데 남자 친구를 대할 때는 전혀 딴판이다. 남자 친구가 아주 조금이라도 서운한 행동을 하면 화를 내거나 치솟는 감정을 어쩌지 못해 울어버린다. 그러면서도 회사에서의 자신과 남자 친구 앞에서의 자신이 너무나 다르다는 자각에 자괴감, 미안함, 죄책감에 시달린다. 이런 패턴이 계속 반복되자, 민주 씨는 자신이 감정 조절 장애가 아닌지 고민하게 되었다.

나만 참으면 다 해결돼

'나만 참으면 모든 게 해결된다'라는 민주 씨의 생각은 그녀가 평소 감정을 대하는 태도를 말해준다. 자신의 감정보다 상대방의 감정을 더 중요시하는 태도다. 다른 사람에게 비치는 자기 모습이 너무나 중요한 민주 씨는 자신의 감정과 욕구를 솔직하게 말하는 것이 두렵다. 그렇게 했다가 혹시 갈등이 발생할지도 모르고, 갈등으로 인한 스트레스가 만만찮게 크기에 늘 손해 보고 회피하고 억누르는 편을 택했다. 매사 타인을 신경 쓰고 사려 깊게 행동해서 동료들에게는 배려심 많은 사람으로 비쳤지만, 가까운 관계, 자신을 있는 그대로 드러내도 수용받을 수 있다 믿는 친밀한 관계에서는 얘기가 달라졌다. 숨기고 회피하고 억압했던 감정들이 더욱 강한 힘으로 솟구쳐 올라와 통제할 수 없을 정도로 폭발했고, 돌이킬 수 없는 실수가 점점 쌓여갔다.

민주 씨는 어린 시절부터 자신의 마음을 알아주고 이해해주는 사람이 없었다. 화가 나거나 속상한 일이 생겼을 때 부모님은 "시간 지나면 다 해결돼", "뭐 그런 일로 남사스럽게 사람들 앞에서 울어" 하고 늘 참기를 강요했다. "문제 일으키지 마"라는 이야기를 어릴 때부터 많이 들어와서인지 힘들어도 감정을 표현하기보다 숨기고 억누르는 데 익숙해졌다. 언제나 참아야 한다고 생각하며 감정을 억압하고 버텨왔지만, 마음속엔 있는 그대로의 감정을 표출하고 싶은 열망, 마음껏 표현해도 미움받지 않고 변함없이 이해받고 수용받고 싶다는 간절한 소망이 있었다.

남은 속여도 나는 못 속인다

자기 감정을 모른 척하고 숨기며 마음과는 다르게 표현할 때, 다른 사람은 속일 수 있다. 그러나 자기 자신은 안다. 참자아를 부인한다는 건 결국 자기 정체성에 대한 부인으로 이어진다. '나는 가치 없는 사람', '나는 이런 취급을 받아도 되는 사람'이라는 생각을 낳고 결국 스스로 자존감을 갉아먹는다.

마음이 수락하지 않으면 말로 마음을 속이는 것을 멈춰야 한다. 그래야만 자기 안의 자존감 도둑을 내쫓아버릴 수 있다. 이런 상황이 계속 반복되게 내버려두면 자신의 기대와 욕구는 늘 무시하고 다른 사람의 감정과 상황만을 존중하는 탓에 내면이 병들 수밖에 없다. 또 계속해서 억눌린 감정은 언젠가 다른 상황에서 터져 나오게 되어 있다.

내 안의 진짜 목소리를 찾는 연습

말과 마음이 모두 쿨한 사람, 즉 감정과 말이 일치하는 사람으로 살아가려면 자기 안의 감정을 잘 알아채는 연습이 필요하다. '나에게 말 걸기'를 하며 솔직하게 묻고 답하기를 연습해보자. 마음이 '이제 됐다'라고 응답할 때까지 감정을 똑바로 바라보며 '내가 지금 이런 마음이구나' 세세하게 알아차리는 것이다.

❶ 내 마음을 속여온 거짓 목소리 발견하기

'다른 사람 다 아메리카노 먹는데 너도 같은 거로 시켜. 혼자 다른 거 시키면 눈치 없고 까다로운 사람으로 생각할 거야.'
'이건 내가 맡은 일인데 도움받았다간 나를 무책임한 사람이라 생각할지도 몰라.'

❷ 거짓 목소리에 속지 않고 나에게 질문하기

'아메리카노 먹으면 내 기분이 어떨까?'
'이 많은 일을 혼자 처리해도 억울하거나 불평하는 마음이 안 생길까?'

❸ 나를 돌보는 목소리를 듣고 선택하기

'아메리카노는 너무 써서 마시기 싫어. 쓴 커피를 마시면 기분이 좋지 않을 것 같아. 돈도 아깝고. 기분 좋게 이 시간을 즐기려면 내가 좋아하는 카페모카를 마셔야겠어.'
'이걸 혼자 다 끝내려면 분명 스트레스받을 거야. 조금만 도와달라고 하고 같이 해서 빨리 끝내고 싶어.'

'그렇게 하면 기분이 어떨까?'

'이게 정말 내가 원하는 건가?'

마음을 살피고 돌보는 질문들로, 진짜 감정을 억누르는 목소리로부터 벗어나는 연습을 해보자. 이제는 당신 안의 감정과 마음을 살피고 돌봐주려는 자아의 목소리에 귀 기울여보자. 그렇게 마음과 말과 행동의 거리를 좁혀갈 때, 내면은 점점 더 건강해질 것이다.

감정에 충실하다는 건 결코 이기적인 선택이 아니다. 자기를 속이고 가짜 감정으로 타인을 기쁘게 할 수도 있겠지만 그 효과는 일시적이다. '내게 진실로 기쁜 선택'을 했을 때 내면에 흐르는 행복감이, 타인을 더 지속적으로 행복하게 만들어줄 강력한 힘이 된다.

솔직함과 무례함의
한 끗 차이

.
.
.

    솔직하게 표현하려다 '무례한 사람', '불필요한 갈등을 만드는 사람'으로 낙인찍히다 보면 나중엔 해야 할 말도 주저하게 된다. '괜히 말했어', '이럴 줄 알았어', '그럼 그렇지, 기대한 내가 바보야'라는 목소리에 눌려, 진심은 뒤로 감추고 참는 것이 미덕이라 위안하며 지낸다. '할 말 다 하고 사는 사람이 어디 있겠어'라면서. 가짜 감정과 가짜 말들로 타인을 대하는 것이 익숙해질 무렵에는 감정과 욕구를 들여다보고 솔직하게 표현하는 것이 이기적이고 무례한 일처럼 느껴지기까지 한다.

무례하거나 이기적이라는 인상을 주지 않고 욕구와 감정을 솔직하게 표현할 수 있을까? 결론부터 말하면 가능하다. 먼저, 무례함과 솔직함의 차이부터 이해해야 한다. 이 둘은 서로 다른 듯 보여도 종이 한 장 차이다. 양쪽 다 '내 감정과 욕구를 타인에게 수용받고 싶은 마음'에서 시작된 표현이고, 동기가 비슷하기에 우리는 종종 솔직함과 무례함을 혼동한다. 그래서 이런 고민에 빠진다. 무례한 사람으로 비치더라도 원하는 바를 솔직하게 다 표현하며 살아갈까, 아니면 세상의 억압에 타협해 진짜 마음을 숨기고 살아가야 할까.

동기는 비슷해도 방식의 한 끗 차이를 이해하고 인지하면 무례해 보이지 않으면서도 솔직하게 표현하며 살아갈 수 있다. 그 '한 끗'은 바로 '내가 내 감정과 욕구에 충실하고 싶은 것처럼 타인도 마찬가지'임을 인정하는 마음이다.

무례한 언어에는 '나'만 있다

무례한 사람들은 표현의 동기에 오직 '나'만 존재한다. '내 감정, 내 욕구, 내 생각이 이러니 너도 거기 맞춰줘야 한다'라는 생각이 전제되어 있다. 그렇기에 표현에 배려나 조율, 협상의 여지가 없다. 유연하게 다른 가능성을 고려하지 않고 자기 뜻을 관철하려는 욕구만이 드러난다. 그래서인지 무례한 사람을 만나면 그들이 가진 고집과 아집 탓에 함께하는 공간조차 날 선 에너지로 가득 찬다.

솔직한 사람들도 분명 자기 감정, 자기 욕구를 전한다. 하지만 그들의 표현엔 자기 말을 듣는 타인의 감정과 욕구에 대한 고려가 있다. 이런 사람의 이야기는 고개를 끄덕이게 한다. 수용할 만하고 상황이 불가능할지라도 고려해보고 싶게 만든다. 듣는 이의 상황과 감정을 존중하고 배려하며 표현하기 때문이다. 솔직한 사람은 알고 있다. 자신이 감정과 욕구를 솔직하게 전달하는 만큼, 상대방 역시 자신의 감정과 욕구를 존중받고 싶어 한다는 사실을 말이다. '상대방이 이 말을 들었을 때 무슨 기분을 느낄까?'라는 질문을 품고 있느냐, 없느냐의 차이는 상당히 크다.

우리 사이에 이 정도도 못 해줘?

자신의 표현이 무례함으로 비치지 않을까 걱정된다면 스스로 당위적인 사고에 빠져 있지 않은지 점검해봐야 한다.

즉, 상대방의 역할을 당연시하는 것이 있는지 살펴보는 것이다. 무례한 사람들은 상대에 대한 기대가 분명하고 그것을 당연시한다. '부모라면 당연히 이건 해줘야 해', '친구 사이에 이 정도쯤은 봐줘야지' 하는 식으로 말이다. 상사와 부하의 관계, 부모와 자녀의 관계, 친한 친구와의 관계에서 상대를 '역할 대상'으로 바라본다. 역할로 관계를 정의하고 사람을 대하면 우리는 금세 무례한 언어를 사용하게 된다.

"수진아, 너 올 때 편의점 들러서 사이다 하나만 사다 줘."
"내가 네 심부름꾼이야? 매번 뭘 그렇게 시켜."
"야, 말이 좀 심하네. 우리 사이에 그 정도도 못 해줘? 알겠다, 두 번 다시 너한테 부탁 같은 거 안 할게."

'친구라면, 가족이라면 당연히 이 정도는 해줘야 한다'라는 역할 기대는 상대방에게 죄책감과 부담감을 안겨준다. 이 것은 '요청'이 아니라 상대방을 자기 욕구에 맞춰서 통제하려는 '강요'다. '내 뜻이 반드시 관철되어야 한다'라는 사고가 전제되어 있기에 상대가 거절하면 갈등으로 이어진다. 한마디로 정리하면, '상대방에게 죄책감이나 수치심을 주는 솔직함'은 무례한 표현이다. 말을 하는 동기에 '나'만 있고 상대에 대한 고려가 없으면 무례한 사람이 되기 쉽다.

유대 속담 중에 "만약 당신이 남과 같다고 생각한다면 남이 당신과 같다는 생각을 잠깐 해보라"라는 말이 있다. 이 말처럼, 우리는 주변 사람들을 어떤 역할로 고정된 대상으로 보기 이전에 '나와 같은 욕구를 가진 사람'임을 기억할 필요가 있다.

한 군부대 훈련소 면회장엔 이런 문구가 적힌 팻말이 걸려 있다.

'쓰레기를 버리면 당신의 아들이 치웁니다.'

이 면회장은 항상 쓰레기 없이 깨끗한 상태가 유지된다고 한다.

자신의 행동에 피해를 입는 이가 자기와 동떨어진 감정 없는 인간이 아닌 같은 욕구를 가진 사람이란 사실을 기억하기만 해도, 자기 감정을 타인에게 함부로 내던지며 그걸 '솔직함'이라고 위장할 수 없을 것이다.

사람은 누구나 타인에게 존중받길 원한다. '나와 같은 감정'을 지닌 사람에게 원하는 바를 오해 없이 전하려면, 상대방도 존중받는 느낌이 들게 말하는 것이 중요하다.

상대방을 존중하며 솔직하게 말하는 법

❶ 반응은 상대의 몫임을 인정하기

솔직하게 표현하고자 하는 것은 감정과 욕구를 있는 그대로 드러내 나답게 살기 위함이다. 그런데 여기에 '상대방도 내 표현에 긍정적으로 반응해줘야 해', '힘들게 얘기했으니 무조건 해결돼야 해'라는 생각이 더해지면 그건 솔직함을 가장한 강요가 된다.

솔직한 표현이 선택이듯, 상대방의 솔직한 표현을 거절할지, 수용할지는 상대의 자유다. 경직된 사고, 힘들게 표현한 것에 대한 보상심리를 내려놓고, 얼마든지 거절당할 수 있고 상대방의 컨디션이나 감정 상태에 따라 반응이 달라질 수 있다는 걸 인정해야 한다.

| '솔직하게 말했으니 | '솔직하게 말해도 |
| 네가 알아줘야지.' | 거절당할 수 있어.' |

경직된 사고 　　　　　　　유연한 사고

❷ 끓어오르는 감정 정돈하기

정돈되지 않은 감정으로 말을 내뱉으면 그 감정이 날것 그대로 전해지게 마련이다. 그럴수록 표현은 원색적으로 나오기 때문에 강요와 무례함으로 전달되기 쉽다.

"청소 좀 해달라고 좋게 말했는데 왜 내 말 무시하는 거야?"
"지금 당장 나한테 미안하다고 말해줬음 좋겠어."
"할 일이 많아서 이번 주까지 마무리 못 하겠는데요."

존중받고 있지 않다고 느낄 때, 상대가 자신의 상황과 상태를 전혀 고려해주지 못한다고 느낄 때 이런 표현이 나온다. 자신의 상황을 명확하게 전달하지 않으면 손해 볼 것 같아서다. 그러나 이런 식의 표현은 무례하다는 인상만 주고 갈등을 불러낼 뿐이다. 해결되지 않은 좌절된 감정을 날것 그대로 드러냈기 때문이다. 이런 상태로 상대의 요구를 거절하거나 묵살하는 것을 '내 권리를 지키기 위한 당당한 표현'이라 착각해서는 안 된다. 정돈되지 않은 감정이 담긴 말은 내뱉고 돌아서는 순간 자기를 찌르는 칼이 된다.

부정적인 감정을 껴안은 채 말한다는 것은, 심리적으로 어린아이가 된 상태에서 말하는 것과 같다. 상대방의 상황이나 기분을 고려하지 않고 오로지 자기 감정과 욕구를 보호해달라고 떼쓰는 아이 말이다. 감정이 솟구쳐 심리적으로 유아적인 상태가 되었다면 다음 내용을 작성해보는 것이 도움 된다. 감정을 가라앉히고 자신이 정말 하고 싶은 말이 뭔지, 수용받고 싶은 마음이 무엇인지 알아차리고 정제된 표현을 할 수 있게 해준다.

[예시 1]

- 하고 싶은 말: "할 일이 많아서 이번 주까지 마무리 못 하겠는데요."
- 상대가 느낄 감정: 무례함. 당혹스러움. 거절감.
- 내가 느끼는 어려움: 과중한 일에 대한 부담감. 업무 능률 저하. 존중받지 못한다는 느낌.

상대가 느낄 감정으로 부정적인 것들이 많이 예상된다면 그 말은 심리적 유아 상태에서 나온 표현이라 볼 수 있다. 그렇다고 해서 말을 하지 않는다면 좌절되고 억압된 감정과 욕구가 남을 것이다. 바라는 바를 무례하지 않게 표현하려면 바로 이 세 번째 항목, '내가 느끼는 어려움'을 잘 알아차리고 전달하면 된다.

→ "제가 어제까지 맡은 업무를 이번 주까지 다 정리해야 하는데. 이 업무까지 맡으면 너무 부담될 것 같아요. 또 일이 과도하게 많아지면 능률이 떨어질까 봐 걱정돼요."

[예시 2]

- 하고 싶은 말: "지금 당장 나한테 미안하다고 말해줬음 좋겠어."
- 상대가 느낄 감정: 압박감. 부담감.
- 내가 느끼는 어려움: 존중받지 못한다는 느낌. 불쾌함. 관계가 깨질 것 같은 불안.

→ "너한테 그 말을 들으니까 존중받지 못하는 것 같아서 마음이 불편해. 그 부분에 대해 사과받지 않으면 내 마음에 앙금이 남아서 우리 관계가 어색해질까 봐 불안하기도 해. 그렇게 말한 것에 대해 사과를 받고 싶어."

지금 누군가와 갈등 중이라면, 또 표현하고 싶은 좌절된 감정이 있는데 뭐라 말해야 할지 모르겠다면 다음 항목을 기록하며 생각을 정돈해보자.

- 하고 싶은 말: _____
- 상대가 느낄 감정: _____
- 내가 느끼는 어려움: _____

💬 **무례한 말로 인해 마음을 다쳤을 때 나에게 하는 말**

"나에게는 저 사람이 던진 무례한 말로 감정이 뒤흔들리지 않을 힘이 있어."

"저 사람의 말로 상처를 받을지, 흘려보낼지 선택하는 것은 나의 몫이야."

"지금 저 사람의 말 때문에 내가 기분이 많이 상했구나. 기분 상하고 화가 나는 건 당연한 감정이야. 이 감정으로부터 도망가거나 피하지 말고 충분히 느껴보자. 충분히 느끼고 나면 곧 흘러갈 거야."

거절을 못 하는
진짜 이유

.
.
.

"누군가에게 부탁을 받으면 거절을 못 하겠어요. 차를 태워달라고 부탁하면 내가 가는 길도 아닌데 빙빙 돌아서 그 사람을 데려다주곤 해요. 그러고는 집에 돌아와 거절 못 하는 저 자신을 질책하죠."

"그 순간에 은정 씨의 진짜 마음은 뭐라고 말하고 있었을까요?"

"태워주기 싫다고요. 초보라 운전도 서툴고, 특히 밤에 운전하는 건 정말 아직도 무섭거든요. 게다가 가는 방향이 정반대라 데려다주고 나면 한 시간이나 돌아서 와야 하고요."

"초보 운전이라 운전도 서툴고 밤 운전이라 긴장도 많이 되고 불안했을 텐데, 애를 많이 쓰셨겠어요. 집에 오면 많이 지치셨겠는데요."

"맞아요. 왜 나한테 이런 부탁을 해서 곤란하게 하는지 그 사람한테 화가 나더라고요. 나중에는 미워지고요. 제발 그런 부탁 좀 안 했으면 좋겠고, 거절 못 해서 혼자 괴로워하는 나 자신도 너무 싫고요."

"그런 어려움이 많음에도 마음과는 다르게 구는 스스로를 원망하면서 속이 많이 상했겠어요. 거절하면 상대방이 어떻게 느낄 것 같은가요?"

"나를 쩨쩨하거나 정 없는 사람으로 볼 것 같았어요. 또 솔직하게 말하는 게 무서웠어요. 거절했다가 그 사람하고 관계가 끝날까 봐, 왠지 뒤에서 내 얘기를 할까 봐…… 그런저런 생각에 차라리 손해를 좀 보더라도 좋은 사람처럼 보이고 싶고, 불편한 관계를 만들고 싶지 않은 것 같아요."

은정 씨와 같은 이들은 거절로 상대의 감정을 상하게 할까 봐, 나쁜 인상을 줄까 봐 솔직한 감정을 숨기기를 택하며 자신에게 비난의 화살을 돌린다.

누군가의 부탁을 들었을 때 마음이 불편하거나 거리낌이 있다는 건, 자기 마음이 그 부탁을 수용하지 않는다는 의미다.

마음이 원하지 않는 것을 받아들이려고 애쓰다 보면 비난의 화살은 '부탁한 사람'과 '거절하지 못한 나', 두 방향으로 향한다.

상대에게 화살을 쏘는 사람은 속으로 이렇게 말한다.

'저 사람은 왜 하필 나한테 이런 부탁을 하는 거야?'

'이기적이야.'

'왜 나만 이렇게 괴로워야 해.'

이런 원망과 비난은 세상과 타인을 향한 적개심으로 쌓인다. 비난의 화살을 '거절하지 못한 나'로 쏘는 사람들은 자신에 대한 질책과 비난으로 자존감이 낮아진다. 두 방향은 서로 다른 지점인 것 같지만 종착지는 같다. 자기로부터 멀리 떠나 감정을 소모하는 단계다.

타인의 가치판단을 내 것으로 받아들이지 않기

거절을 못 하는 사람들은 거절당한 상대의 감정과 그 사람이 자신을 바라보고 느끼는 시선, 마음 상태까지 고려한다. 그리고 그걸 자기 것으로 가져와 통제하려 하는 데서 문제가 발생한다. 자신에 대해 남들이 느낄 부정적인 평가, 감정 등을 상상만 해도 견디기 힘들다. 이렇게 사람들에게 좋은 인상을 주려 애쓰는 이유는 무엇일까? 자신에 대한 확신과 경계가 불분명하기 때문이다.

이들이 스스로를 평가하는 기준은 타인에 의해 움직인다. 그래서 누가 "정말 착하시네요", "배려심이 참 많네요"라고 말하면 스스로를 인정해주지만, "이기적이네요", "속이 좁네요"라는 말을 듣거나 그런 말을 들을 것 같은 상황만 벌어져도 정말 그런 사람이 돼버릴 것 같은 생각에 불안해한다. 이들은 언제나 타인의 가치판단에 의존하므로 자신의 진짜 욕구를 솔직하게 드러내기를 두려워한다.

당신이 제일 좋아하는 명품 브랜드 매장에 와 있다고 가정해보자. 시계를 구경하는데 사람들이 주변에 몰려와서 말한다. "저 시계는 가짜야", "저건 값어치가 없어". 사람들이 이렇게 말한다고 해서 그 시계의 값어치가 떨어지고 가짜가 될까? 그렇지 않다. 자기 자신의 가치를 결정짓는 기준을 타인에게 양도하지 말자. 자기 감정을 무시하고 타인의 감정과 생각을 일일이 점검하고 통제하면서 자신을 괜찮은 사람으로 보이기 위해, 거절당하지 않기 위해 '네'라고 말하는 일은 멈추어야 한다.

거절하지 못하는 사람들은 타인의 요구는 잘 수용하면서도 자신이 원하는 걸 요구하기는 힘들어한다. 상담가 로저스는 이러한 성향이 어린 시절부터 형성된다고 말한다.『프로이드·스키너·로저스: 심리학과 인간이해』에 이 같은 심리 작용이 자세히 소개된다.

사람은 발달하면서 타인으로부터 긍정적인 관심을 받고자 하는 욕구를 갖고 있다. 자신에게 의미 있는 타인이나 부모는 사랑과 수용을 제공하거나 철회함으로써 개인에게 큰 영향을 끼친다. 아이는 사랑과 수용의 감정을 얻기 위해서 자기 자신의 내적인 경험을 무시하고 부모 또는 자신에게 의미 있는 사람들에게 자기 마음과는 달리 상대의 욕구를 따른다. 이럼으로써 아이들은 자신의 감정과 욕구에 솔직하기보다는 옳고 그름과 선과 악이 무엇인지를 타인으로부터 결정받는 사회적인 사물이 되어간다.

은정 씨는 다른 사람들의 욕구를 따르며 선과 악의 기준을 남의 손에 맡기며 살고 있었다. 혹시 당신도 타인의 감정을 애써 살피느라 정작 자신을 돌보지 못하고 있지는 않은가? 그렇다면 자기에 대한 가치판단의 기준을 바로잡을 필요가 있다.

거절도 연습이 필요하다

❶ 내가 수용할 수 있는 영역을 전하기

차를 태워달라는 부탁을 받았다면 섣불리 대답할 것이 아니라 어디부터 어디까지가 수용할 수 있는 영역인지 생각해봐야 한다. 가는 방향이 같지 않아도 10분 이내의 거리라면 괜찮다든가, 방향이 완전히 같아야 가능하다든가 하는 기준을 정하는 것이다. 수용 가능한 선을 정했다면 그 선까지만 가능하다고 말하는 연습을 해보자.

"방향이 같은지 한번 확인해볼게요."
"제가 가는 방향과 달라서 힘들겠어요."
"10분 이내 거리라면 괜찮아요."

100퍼센트의 거절, 100퍼센트의 수용을 하려니 마음이 힘든 것이다. 그러지 않고 자기가 수용할 수 있는 20퍼센트의 영역을 상대방에게 알려주고 나면, 그걸 받아들이고 말고는 그 사람의 몫이 된다.

❷ 결정의 몫은 상대방에게 맡기기

"10분 거리면 괜찮아요", "반대 방향이라 힘들겠어요"라고
말한 뒤 상대방이 느낄 감정은 온전히 그 사람의 것으로 남겨
두어야 한다. 이럴 때 상대방의 말과 행동, 눈빛 등을 살피며
그의 심기와 반응을 걱정한다면 타인의 감정과 생각을 가치
판단의 기준으로 삼는 것이다.

이럴 때는 스스로 알아차리자.

'내가 또 타인에게서 내 가치와 내 감정을 찾으려 하고 있
구나.'

이게 인지되면 '타인의 감정과 내 감정을 분리하는' 연습
이 가능하다.

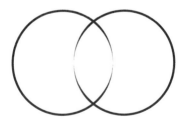

'내가 거절해서 짜증 난 것 같아.'
'나를 싫어하면 어쩌지?'

타인의 가치판단이 곧 나인 상태

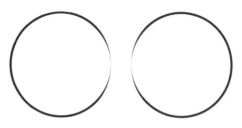

'나에게는 저 사람의 요구를 다 들어줄 의무가 없어.'
'저 사람의 평가와 나는 별개야.'

타인의 가치판단과 나 사이에 거리를 둔 상태

나 자신에게 이렇게 말해주자.

'나는 내가 수용할 수 있는 만큼을 얘기했어. 그리고 저 사람의 감정은 저 사람의 것이야. 저 사람이 내가 부탁을 들어주지 않았다고 해서 짜증 난다면, 그건 그 사람이 해결해야 할 몫이지 내 감정이 아니야.'

이것은 타인과 자신 사이에 감정적 거리를 두는 동시에 자기를 지키는 길이다. 부탁을 들어주지 않았다고 해서 누군가가 "이기적이네요"라고 말한다면 그건 그 사람이 세상을 바라보는 태도일 뿐, 그 말이 당신을 이기적인 사람으로 만들지는 못한다.

심리적으로 한 걸음 물러나 그저 '저 사람의 감정은 저렇구나'라고 관조하는 데서 그치면 상대방이 당신을 향해 던지는 비난의 화살이 결코 당신을 맞추지 못할 것이다.

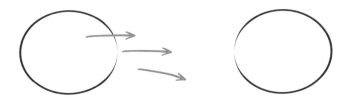

거리를 두면 타인이 쏘는 화살이 나를 맞추지 못한다

나는 위로를 잘하는
사람일까?

·
·
·

    부모는 아이가 우는 모습을 보면 마음 아프다. 사소한 일에 대성통곡을 할 때면 마음이 저릿하면서도 빨리 그치기를 바라며 이렇게 달랜다.

    "다른 애들은 그런 걸로 안 우는데."

    "울음 그치면 엄마가 사탕 사줄게."

    "뚝! 이제 그만. 셋 셀 동안 울음 그쳐야 해. 하나, 둘, 셋!"

    하지만 아이의 울음소리는 더 커진다. 부모는 부모대로 애가 타고, 아이는 억울하고 분한 마음이 진정되지 않는다. 부모의 말은 점점 잔소리나 협박으로 변해가고 아이의 감정은 더 격해지고 만다.

반면, 어떤 부모들은 요술 같은 몇 마디 말로 아이의 울음을 그치게 만든다. 용광로처럼 끓어오르는 아이들의 마음을 진정시키는 말에는 어떤 비밀이 숨겨져 있을까?

마음을 읽어주는 마법의 언어

마트의 장난감 코너에서 한 아이가 세상이 떠나가라 울어 댄다. 그런 아이 앞에서 엄마가 차분한 태도로 눈높이를 맞추고, 애정이 듬뿍 담긴 눈빛으로 아이를 바라보며 말한다.

"아유, 이 장난감이 그렇게 갖고 싶어서 우는구나. 엄마가 네 마음도 몰라주고 안 된다고 하니까 짜증 났지? ……아이고, 너무 속상해서 울음이 안 그쳐지는구나."

그러자 아이의 울음소리가 서서히 줄어든다. 이게 바로 그 유명한 '구나구나' 어법이다.

이 어법이 큰 위력을 발휘하는 이유는 뭘까? '마음을 읽어주는 화법'이기 때문이다. 지금 느끼는 감정을 회유나 협박, 협상, 무서운 분위기를 조성하여 뚝 그치게 만드는 것이 아닌, 있는 그대로 '수용'하고 '용납'해주는 표현법이다. 감정 처리가 미숙한 아이들이 갈등 상황에서 이런 표현을 들으면 방어 본능도, 저항도, 공격성도 내세울 필요가 없어진다. 그리고 자기 감정을 똑바로 인식하고 받아들이게 된다. 감정의 뇌가 진정되니 이성적으로 생각하며 문제를 해결하는 대화가 비로소 가능해지는 것이다.

우리는 제대로 위로받은 적이 없어 공감 표현에 서투르다

"나 할 말 있어."

"왜, 또 무슨 사고 쳤냐?

"나 오늘 남자 친구랑 헤어졌어. 양다리더라. 걔랑 보냈던 시간이 너무 아깝고 자존심 상해. 울기 싫은데 자꾸 눈물만 나."

"거봐, 내가 뭐랬어, 걔 조심하라고 했잖아. 내 말을 들었어야지. 그때 처음 봤을 때부터 느낌이 이상하더라니까. 울지 마, 한 달만 딱 지나면 괜찮아져. 너는 자존심 상하게 그만 애 때문에 울고 그러냐? 넌 그게 문제야, 여자가 자존심도 없냐?"

속상해서 우는 아이에게 "그러게 엄마가 뭐랬어! 뚝 그쳐!"라고 말하는 부모처럼, 우리는 종종 위로받고 싶은 이에게 경고와 위협, 일방적 판단, 거짓 안도감, 해결책 제시, 비난의 메시지를 쏟아내고는 한다. 이 말을 들은 사람은 돌아서서 초라한 기분만 든다. 앞의 예시에서 '남자 보는 눈도 없고 자존심도 없는 사람'으로 전락된 '나'는 절망감에 자괴감까지 더해져 감당하기 힘든 시간을 보내게 될 것이다.

어떤 이들에게는 공감하고 위로하고 격려하는 일이 낯설다. 제대로 받아본 경험이 없기에 어떻게 위로와 격려를 보내야 할지를 모르고, 받아본 적 없는 마음을 주려니 부작용이 생긴다. 마음에 가 닿는 공감과 위로를 전하려면 어떻게 말해야 할까? 어른에게도 통하는 요술 대화의 키워드는 바로 '공감'과 '질문'이다. 이 두 가지 키워드를 기억한다면, 비록 자신이 경험하지 못한 일에 대한 위로일지라도 왜곡과 오해 없이 전달할 수 있다.

공감과 질문으로 참위로와 격려를 전하라

공감은 상대가 느끼는 감정을 부정하지 않고 '당연한 감정'이라 인정해주는 것에서 시작된다. 힘들고 도움이 필요한 사람은 자신이 느끼는 감정이나 아픔이 무언가 잘못된 것이라 여긴다. 그런 감정을 느끼는 자신이 잘못된 사람인 것 같고, 그 감정 자체가 큰일인 것 같은 불안감에 시달린다. 이럴 때는 '지금의 감정이 당연한 것'임을 알고 편안하게 받아들이는 것이 중요한데, 그걸 가능하게 돕는 것이 바로 타인의 '공감'이다. 사람은 공감을 받음으로써 자신의 감정을 바르게 인식하고 수용할 힘을 얻고, 그로 인해 감정을 돌보는 방법을 배워갈 수 있다.

흔히 공감해주는 사람을 '거울'에 비유한다. 누군가가 거울처럼 자신이 느끼는 감정을 듣고 이해하여 감정 언어로 들려주기만 해도, 자신의 마음이나 생각에서 제거해야 할 불순물들을 발견하게 된다. 나아가 그 불순물을 스스로 지워나갈 내적 힘이 커진다.

❶ 공감, 거울이 되어 비춰주기

"너 정말 **자존심** 상하고 **속상**하겠다. 얼마나 **원망**스러울까."

"너무 **허무**하겠다. 그동안 쌓인 추억이 있으니 쉽게 잊지도 못할 텐데 많이 **혼란**스러울 것 같아."

"울기 싫다는 말이, 정말 **화**가 나는데 **사랑**했던 마음이 있었으니 **슬프고 속상**하다는 말처럼 들려."

이런 표현들의 공통적인 특징은 '감정 어휘'가 들어가 있다는 것이다. 공감의 가장 효과적인 방법은 상대방이 그때 느낄 감정을 언어로 표현해 들려주는 것이다. 상대는 이런 표현을 통해 자신이 억압했던, 부끄러워서 숨겼던, 모른 척하고 싶지만 누군가 알아줬으면 했던 감정과 자연스럽게 마주하게 된다. 그리고 그 감정을 이해받고 타당한 것이었음을 받아들이면서 진정된다.

단, 이런 공감 표현에서 주의해야 할 점은 상대의 감정을 추측하여 들려주는 말이므로 단정적 표현이 아닌 추론적 표현으로 전해야 한다는 것이다. "너 지금 이런 감정이란 거잖아", "속마음은 이거지?" 같은 단정적인 표현은 들키기 싫은 감정을 과격하게 꺼내 보이는 듯한 인상에 반감이 생겨 오히려 마음을 닫게 만든다. 예를 들어 "너 걔 때문에 자존심 상하지도 않아?", "너 나한테 미안하지도 않니?"라는 말을 들으면 그런 감정을 느꼈다 하더라도 상대방이 억지로 들춘 데 대한 저항감이 든다. 공감은 상대의 감정을 함께 느끼며 표현해주되 '내 추론이 틀릴 수도 있다'는 것을 전제로 해야 한다.

고민을 나누고자 하는 사람들의 속마음은 '당신을 신뢰하기에 내 이야기를 당신과 나누며 이해받고 싶다'는 것이다.

'구나구나' 화법으로 마음을 읽어주기도 어렵고 공감을 해주려 해도 적절한 감정 어휘가 떠오르지 않는다면 다른 방법이 있다. 상대방이 스스로 더 많은 이야기를 하며 생각을 정리해나갈 수 있도록 개방형으로 질문해보는 것이다.

❷ 상대의 깊은 이야기를 들어주는 개방형 질문법

"많이 힘든 것처럼 느껴지네. 혹시 더 얘기하고 싶은 건 없어?"
"너는 어떻게 했으면 좋겠어?"
"네 마음은 지금 어떤 것 같아?"

이러한 개방형 질문은 고민을 토로하는 사람이 스스로 더 많은 이야기를 하게 만들고, 그렇게 털어놓는 것만으로 치유 효과가 있다. 스스로 이야기하며 자기 안의 더욱 깊은 감정과 접촉하고 참욕구를 알아갈 수 있기 때문이다. 이야기를 계속하도록 이끄는 질문은 문제 해결의 길을 열어주는 역할도 한다.

심리학자 에이브러햄 매슬로우Abraham H. Maslow는 "가진 연장이 망치밖에 없다면 모든 문제를 못으로 보게 된다"라는 말을 남겼다. 가진 연장이 '문제를 해결해주려는 마음'밖에 없다면 상대의 슬픔과 아픔이 '해결해야 할 문제'로만 보인다. 가진 연장이 '비난하는 마음'밖에 없다면 상대의 슬픔과 아픔은 '비난받을 일'로만 보인다. 위로와 격려를 할 때는 여러 가지 연장이 필요하다. 어떨 때는 함께 눈물을 흘리는 것으로, 감정의 문을 활짝 열어 자기 자신을 이해하도록 돕는 공감으로, 스스로 문제를 해결해나갈 길을 열어주는 질문으로.

고민을 털어놓는 사람은 당신에게 정답을 구하려는 것이 아니다. 당신이 삶을 대처하는 자세, 감정을 살피는 태도에 힌트를 얻어 당신이 그에게 해준 위로의 방법으로 결국 자신을 위로하고 다독여나가려는 것이다. 나아가 사람은 자기를 대하는 대로 상대를 대하게 마련이다. 상대를 위로하고 격려하는 법을 연습하고 배워나갈 때, 자기 자신을 위로하고 격려하는 힘 또한 자라난다.

천사표 마음에 숨은
도덕적 자학증

.
.
.

　주변을 둘러보면 천사 같은 사람이 한 명쯤 있게 마련이
다. 내가 아는 인정 씨도 그렇다. 그녀는 다른 사람을 돕는 것
에 특출한 재능을 보인다. 사람들의 어려운 점을 잘 살피고
때와 형편에 맞게 도와주고 섬기는 방법을 여러모로 잘 알고
있다. 아이 둘을 키우는 가정형편이 어려운 친구에게는 김치
며 밑반찬을 나눠주기도 하고, 수입이 적어 경제적으로 힘든
친구 집에 놀러가 맛있는 걸 사 먹으라며 돈을 주고 오기도
한다. 도움받는 친구들에게 인정 씨는 천사나 다름없다.

　그런 인정 씨의 마음에 행복과 풍요와 기쁨만이 가득하다

면 이러한 섬김과 돌봄이 아무런 문제가 안 될 것이다. 하지만 이렇게 아낌없이 베풀고 나누는 동안, 인정 씨의 마음은 점점 지쳐갔고 세상에 대한 원망이 커져갔다.

사람들이 나한테만 힘든 얘기를 너무 해요

'도덕적 자학증moral masochism'이라는 심리학 용어가 있다. 이런 성향을 가진 사람들의 내면을 살펴보면 '나 아니면 저 사람을 도울 사람이 없어', '내가 도와주지 않으면 저 사람은 계속해서 어려움에 처할지도 몰라' 하는 식으로 '나 아니면 안 돼'라는 과대한 '자기Self'가 있다. 도움받는 이들이 스스로 문제를 해결할 내적 힘이 있다는 것과, 그들 주변의 다른 외부 자원을 고려하지 못한다. 오로지 자기만 그 사람을 도울 수 있다고 생각한다. 따라서 여건과 상황이 안 되어 그들을 도와주지 못했을 때 과도한 죄책감을 느낀다.

이들은 근본적으로 늘 타인에게 뭔가를 해줘야 한다는 강박에 사로잡혀 있다.

인정 씨는 늘 말했다.

"왜 사람들이 나한테만 이런 힘든 얘기를 털어놓는지 모르겠어요. 안 도와줄 수도 없게 말이에요."

사실, 친구라면 살면서 힘든 얘기, 어려운 이야기를 얼마든지 할 수 있다. 그런 말을 하는 건 해결해달라거나 도와달라기보다 단지 가까운 사람과 소통하려는 의도에 가깝다. 그런데 인정 씨는 그 얘기를 들으며 늘 자신이 '해야 할 거리'를 찾느라 애쓴다. 상대는 뭔가를 해달라고 말하지 않았는데 그렇게 해줘야 할 것 같은 기분에, '해주고 지치고 실망하기'를 반복한다.

줘야만 안심하는 삶

언제부터 이런 마음들이 생겨났을까? 인정 씨의 마음을 더 깊숙이 살펴봤다. 그녀는 자기 삶에 대해 '빚쟁이 같은 기분으로 사는 느낌'이라고 했다. 의무감과 부담감을 잔뜩 짊어진 그녀의 마음은 아주 오래전부터 자리 잡고 있었다.

맏이인 인정 씨는 부부 싸움이 잦은 부모를 대신해 집안일을 하고 동생들을 챙겨주느라, 또 아픈 엄마를 돌보느라 늘 희생하는 삶을 살았다. 그녀의 눈과 마음은 세상의 불쌍한 사람들에게 고정되어 있었다. 하지만 주변 사람들을 챙기느라 애쓰고 힘겹게 살아내면서 억압된 자신의 욕구나 감정은 돌보지 못했다. 자기가 살아 있는 것 같은 존재감을 느끼는 유일한 때는 부모의 요구를 들어줄 때나, 불쌍한 엄마를 돌볼 때, 동생들을 챙겨줄 때, 즉 자기 욕구를 배제한 채 타인에게 뭔가를 베풀 때뿐이었다. 그럴 때만 인정받는 느낌이 들었고, 누군가에게 행복을 주었다는 만족으로 자기 존재감, 가치감이 높아졌다. 그녀가 타인에게 무언가를 베푼다는 건 자신의 존재감을 지키고 살아 있다는 것을 확인하기 위함이었다. 주지 않으면 자신이 사라지는 것 같은, 잘 살지 못하고 있는 것 같은 좌절을 느껴야 했기 때문이다.

잘 받을 줄 알아야 기쁘게 줄 수 있다

주기만 하는 삶의 패턴을 깨려면 먼저 본인이 받고 누리는 경험을 해봐야 한다. 인정 씨의 주변 사람들처럼 먼저 요구하고 받는 기쁨을 누려봐야 '줘야만' 느끼는 '가짜 존재감'에서 벗어날 수 있다. 사소한 것이라도 말로 표현하여 감정과 욕구를 수용받는 경험을 늘려가면, 다른 사람의 요구가 부담과 원망으로 느껴지지 않을 것이다.

한 소년이 뒷마당에서 끙끙대며 무거운 돌을 들어 올리고 있다. 소년은 있는 힘을 다해 들어 올리지만 돌은 꿈쩍도 하지 않는다. 소년의 아버지가 묻는다.

"얘야, 그 돌을 들어 올리기 위해 네가 할 수 있는 일을 다 했느냐?"

소년은 풀이 죽어 대답한다.

"그럼요, 다 했고말고요!"

"정말 다 했다고 생각하느냐?"

아버지가 소매를 걷어붙이며 말했다.

"나한테 도움을 청하지 않았잖느냐."

— 마이클 린버그, 「너만의 명작을 그려라」

삶의 무거운 돌들을 혼자서만 들어 올리면서 도움을 청하지 못하고 살아가고 있지 않은가? 자신에게만 너무 많은 돌이 주어진다고 세상을 원망하고, 그 무거운 돌들을 잘 처리해 내지 못하는 자신을 비난하며 죄책감에 휩싸여 있지 않은가? 원망을 일으키는 세상에 대한 부담감, 자신을 향한 비난은 사실 '가짜 감정'이다. 당신의 주변에는 당신의 진짜 감정을 함께 나누고 싶어 하고, 당신의 요구를 반가이 들어줄 사람이 얼마든지 있다. 타인에게 고정된 시선을 거두고 당신의 감정을 먼저 바라보기 바란다. 그리고 작은 것이라도 세상을 향해 표현해보자. '내 욕구도 사실 여기에 있다'고, '내 진짜 감정은 이것'이라고.

원하는 것을 당당하게 요구하는 연습

❶ 작은 것부터 표현하고 받기

"혼자 하려니 너무 힘든데, 이것 좀 도와줄래?"
"내가 여기 청소할 테니 화장실 청소만 좀 도와줘."
"올 때 맛있는 아이스크림 하나만 사다 줘."

❷ 충족받고 싶은 감정을 인식하고 명확하게 요구하기

"네가 나한테 잘해내고 있다고 말해줄 때 나는 정말 힘이 나. 그런 얘기 자주 해줬으면 좋겠어."
"내가 기분이 좋지 않을 때는 내 손을 가만히 잡아주면 좋겠어."

❸ 요구를 받으면 가능한 선을 정하고 표현하기

"그건 힘들지만 여기까지는 내가 해줄 수 있어."

"지금 만나는 건 어렵지만, 전화 통화로 얘기하는 건 괜찮아."

💬 요구가 어려울 때 나에게 보내는 메시지

"나는 다른 사람에게 꼭 뭔가를 주지 않아도 있는 그대로 사랑받을 가치가 있는 사람이야."

"과거는 과거일 뿐, 지금의 나는 충분히 존중받고 누리며 살아갈 수 있어."

"내가 요구하고 부탁하는 건 저 사람을 신뢰한다는 말과 같아. 저 사람의 능력과 마음을 믿어보자."

Part 3

뒤끝 없이
편안하게

: 말과 감정 사이에 안전거리 두기

"제가 알아서 할게요"의
적절한 대체어

.
.
.

어떤 이들에게는 명절에 친척 집을 가는 게 마냥 즐거운 일이 아니다. 듣기 싫은 말을 들어야 한다는 부담감 때문이다. 중·고등학생 때는 "공부 열심히 하고 있니?", "반에서 몇 등 해?", "어느 대학 갈 거야?", 대학생 때는 "취업 준비는 잘돼가 니?", "연애할 생각 말고 지금 열심히 해야 좋은 회사 들어가 지", 취업 후에는 "이제 결혼해야지", "이왕 할 거면 빨리 하는 게 좋아"……. 결혼을 하고 아이를 낳아도 끝도 없는 레퍼토 리의 훈계와 질문이 쏟아진다.

듣기 싫은 말을 들었을 때 잘 대처하는 방법이라도 알면 그 자리가 마냥 두렵지만은 않겠지만, 어른들 앞에서 불편한 말에 똑 부러지게 반응하기란 쉽지 않다. "제 인생 제가 알아서 할게요"라고 받아치자니 모처럼 모인 자리를 싸늘하게 만들 것 같고, 그렇다고 대꾸도 않고 지나가자니 스스로가 초라하게 느껴지고 억울하다. 아무 내색 없이 쓴 미소를 짓다 집으로 돌아오면 그날 들은 말들이 귓전을 맴돈다. 그리고 자신에게 화를 낸다. '왜 바보같이 아무 말도 못 했을까?', '아, 이렇게 말할걸', '속 시원하게 한마디라도 받아쳤으면 좋았을 텐데'……. '다음에 만나면 꼭 이렇게 말해야지' 다짐하지만, 정작 또 같은 상황이 되면 입을 떼기가 쉽지 않다.

대화의 네 가지 영역

보통 듣기 싫은 말을 함부로 하는 사람은 연배가 있거나 의견을 자유롭게 내세울 수 없는 대상일 것이다. 이럴 때 꾹 참지 않고 자기 마음을 지키면서 무례해 보이지도 않게 말하는 방법이 있다.

먼저 관계와 대화의 네 가지 영역에 대해 살펴보자.

내가 이기는 대화	상대가 이기는 대화
모두가 이기지 못하는 대화	모두가 이기는 대화

결혼한 지 3년 차 되는 아이 없는 부부가 명절에 친척들을 만나러 간다. 가서 어떤 말을 듣게 될지 빤히 알기에 벌써 마음이 무겁다. 친척 집에 도착하자 어김없이 어른들이 한마디씩 한다.

"빨리 아기 가져야지."

"3년이면 낳고도 남았지."

"안 갖는 거야, 못 갖는 거야?"

이 상황을 예로 들어 네 가지 대화 영역을 적용해볼 수 있다.

❶ 내가 이기는 대화

"그런 말씀 하시는 건 실례예요."

"사람마다 다 사정이라는 게 있는 건데, 다짜고짜 그렇게 말씀하시다니 기분 나쁘네요."

'내가 이기는 대화'는 자신의 의견과 감정을 있는 그대로 표현했기에 속은 후련할지 몰라도 상대방에게는 공격적으로 들리기 쉽다. 또 시간이 지난 뒤에 그 말을 곱씹으며 후회하게 될 수도 있다. '내가 너무 심했나?', '다른 어른들도 계신데 너무 무례했던 것 아닐까'. 그 상황에서 표면적으로는 이긴 듯 보여도, 사실 자기를 지키며 다른 사람을 공격했다는 자책감을 피할 수 없는 대화법이다.

❷ 상대가 이기는 대화

"……."(아무 대꾸 없이 웃으며 할 일을 한다.)

상대의 말에 아무런 대꾸도 하지 못하면 듣기 싫은 말을 끝까지 들어야 하는 고역을 치르며 억울함과 수치심을 느끼게 된다. 또 이대로 계속 대화의 주도권을 상대에게 줘버리면 그날 대화의 주제가 '임신'이 돼버리는 불상사가 일어날 수도 있다.

❸ 모두가 이기지 못하는 대화

"저희가 알아서 할게요, 신경 쓰지 마세요."

만약 이렇게 말했을 때 성숙한 어른이 "그래, 이런 걸 물어보는 건 실례인데 기분이 상했나 보구나. 미안하다"라고 말하면 상황은 종료된다. 하지만 "알아서 제대로 못 하는 거 같으니까 한소리 하는 거지", "어른한테 그게 무슨 말버릇이니?" 하고 더 큰 응수를 두기라도 하면 상황은 걷잡을 수 없이 커진다. 모두가 자신의 의견을 말하지만 모두의 감정이 상하는 최악의 패턴이다.

모두가 이기는 대화, "그러니까, 당신 말은"

'모두가 이기는 대화'란 자기 감정을 지키면서 상대의 마음도 존중하는 대화를 말한다. 공격보다는 자신의 주장을 말하며 대화를 이어갈 수 있다. 상대방이 계속 무례하거나 듣기 싫은 말을 한다면, "그러니까 당신 말은……" 하고 상대의 말을 재해석해서 들려주자.

먼저 이 대화법을 사용하기 전 생각이 전환이 필요하다. "취업 언제 하니?", "결혼은 언제 할 거야?", "임신은 언제로 계획 중이야?"라는 말에 숨겨진 상대의 의도가 공격, 비난, 수치심을 주기 위함인지 생각해보자. '내가 취업을 못 할까 봐 걱정이 되는구나', '나이 들어서 힘들게 육아할까 봐 염려되는구나' 등 상대의 말을 넓은 관점에서 해석해본다. 그리고 그걸 다시 들려주면 된다.

"빨리 아이 가져야지."
"그러니까 이모 말은, 제가 결혼한 지 3년이 넘었는데 아직 아이를 안 가지니까 임신이 안 될까 봐, 나중에 임신하고 힘들어질까 봐 걱정된다는 말씀이시죠?"

"취직 준비는 하고 있니? 요즘 취업이 안 돼서 난리라던데 지금부터 스펙 열심히 안 쌓아놓으면 나중에 더 힘들어질 텐데."
"그러니까 삼촌 말은, 제가 이제 취직할 때도 됐는데 안 하고 있으니 불안하고 걱정된다는 말씀이시죠?"

듣기 싫은 말이라고 느끼는 이유는 그 말이 이미 자기 감정의 영역에서 받아들여지지 않는 주제이기 때문이다. 하지만 듣기 싫은 말 뒤에는 좋은 의도, 선한 마음도 분명 있다. 단 1퍼센트라도 말이다. 어떤 자극이 주어졌을 때 특정 부분을 집중해서 바라보는 것을 '선택적 주의'라고 부른다. 상대의 말을 받아들일 때도 선택적 주의가 필요하다. 상대의 입에서 쏟아져 나오는 말들 중 무엇에 집중할지, 그걸 어떻게 검열하고 반응할지는 우리에게 달려 있다.

상대가 당신을 향한 걱정, 불안, 노파심이라는 감정을 세련되지 못한 포장지에 담아 당신에게 건넸을 때, '뭐 이런 쓰레기를 나한테 줘'라고 반응할 수도 있다.

하지만 방식을 좀 달리하면 이렇게 응수할 수도 있다.

'비록 포장지는 투박하지만 이 속에 든 내용물은 나를 위한 마음인 걸 지혜로운 나는 알죠.'

어떤 선택을 할 것인가?

누군가가 말이라는 형태로 쓰레기를 던졌을 때 지혜롭게 반응한다면, 그들의 염려와 불안, 노파심은 사라지고 스스로에 대한 부끄러움만 남을지도 모른다.

선한 말로
악한 말을 이기는 기술

●
●
●

에이브러햄 링컨이 적에게 친절을 베풀 때마다 그의 조언자들은 이렇게 말했다.

"각하, 저는 각하를 이해할 수가 없습니다. 각하는 적에게 너무 친절히 대하십니다. 제가 보기에 그들은 반드시 이겨야 하는 대상인데 말입니다."

그러자 링컨은 다음과 같이 대답했다.

"사랑하는 친구여. 내가 그들을 친구로 만들었을 때, 바로 그때가 그들을 이기는 거라네."

___ 마이클 린버그, 「너만의 명작을 그려라」

얼마 전 버스에서 링컨과 같은 지혜를 지닌 할머니를 만났다.

한 승객이 노선을 재차 물어보자, 버스 기사가 잔뜩 화난 투로 투덜거렸다.

"아, 미리미리 확인 좀 하고 탈 것이지 몇 번이나 물어보는 거야! 눈이 없어? 그렇게 계속 말 걸어서 사고 나면 다 기사 탓이지!"

기사의 고성에 버스 안 분위기는 순식간에 험악해졌다.

그 싸늘한 공기 속에서 할머니 한 분이 말씀하셨다.

"아이고, 그래, 사람들이 좀 확인하고 타면 될 건데 말이야. 기사양반 운전하느라 정신없는데 사람들이 와 그리 많이 물어보는지 모르겠네. 그제, 기사양반?"

기사는 할머니의 말에 분노 어린 하소연을 이어갔다.

"도대체 눈이 없나, 내가 얼마나 스트레스받는지도 모르고……."

"그래, 운전하는 것보다 이런 게 더 스트레스지. 저 사람들은 눈이 안 좋은가 보네."

할머니는 기사가 뾰족한 말로 하소연을 늘어놓아도, 다른 승객을 심하게 비난하는 말을 해도 나무라지 않고 그의 말을 다시 돌려주며 공감을 표했다. 그러자 기사는 이내 차분해졌고, 서로 다정한 말이 오가며 험악했던 분위기가 누그러졌다.

가짜 감정에 속아 말로 공격하는 사람들

버스 기사의 공격적인 말 뒤에 숨은 진심은 '오늘 정말 힘들다', '사람들이 계속 말을 시키니 운전에 집중할 수가 없어서 불안하다', '피로감을 느낀다'였을 것이다. 그러나 기사는 몰려오는 감정의 홍수 속에서 자신이 느끼는 진짜 감정이 무엇인지 느끼고 말로 표현하기 힘들었다. 자신의 진짜 감정을 정확히 알아차리고 분명히 표현하는 것은 감정을 알아차리는 의식적인 연습과 내공이 쌓여 있지 않으면 어려운 일이다. 사람들은 이 감정의 홍수에 빠졌을 때 진짜 감정을 알아차리고 해야 할 말을 하기보다 분노나 공격성을 표출하거나 상대를 겁주는 비난과 협박의 말로 상황을 빨리 종결하려 한다.

우리 또한 악한 말들로 공격하는 이로 인해 당혹스럽고 기분이 상할 때가 있다. 그들은 아무것도 아닌 것처럼 보이는 일에 불같이 화를 내고 악독한 말을 쏟아낸다. 서운함, 불안함, 어색함이라는 진짜 감정을 못 알아차리기에 상대방을 공격하고 비난하며 자신의 불편한 감정으로부터 도망가려 하는 것이다. 상대를 비난하거나 악한 말로 상대의 공격성을 일으킨 후 '내가 이렇게 화가 나는 건 나를 초라하게 만드는 이 서운한 감정 때문이 아니라 지금처럼 나를 이해해주지 못하고 비난하는 너 때문이야'라고 자신의 공격성에 합당한 이유를 붙이고 상대방 탓으로 돌려버린다.

상대가 놓은 감정의 덫에 걸리지 않는 법

갈등이 생길 때나 자기 안에서 여러 감정의 충돌이 생길 때 내면에 힘이 있는 사람은 그 불편한 감정들을 온전히 바라보고 느낄 수 있다. '아, 내가 지금 서운하구나', '내가 지금 불안하구나' 하고 감정을 있는 그대로 느낀다. 그리고 '나 사실 이전에 네가 이렇게 말한 건 서운했어', '네가 이렇게 하니까 내가 불안해'라고 진짜 감정을 말로 표현한다. 반면 타인의 공격성을 일으키거나 비난을 일삼는 사람들은 자신의 진짜 감정을 마주할 용기가 없다. 그래서 자기 안의 초라한 감정들로부터 도망가기 위해 다른 사람의 분노를 자극하는 비겁한 감정싸움을 택한다. 이때 정신 차리지 않고 있다가는 상대가 놓은 감정의 덫에 걸려 함께 악한 마음을 품고 악한 말을 쏟아놓게 된다. 자기 감정을 지키고 마음을 상대의 악으로 더럽히지 않는 방법은 무엇일까? 성경 로마서 12장 21절에 그 방법이 잘 나와 있다.

악을 악으로 갚지 말고 선으로 갚아라.

감정의 덫에 걸려 넘어지면 금세 악한 마음들이 솟구친다. 그럴 때 똑같이 비난이나 공격으로 갚으려 한다면 감정이 격해질 뿐 아니라 상대와의 관계도 수렁에 빠진다. 의학박사 데이비드 번스David Burns는 『필링 굿』에서 어떻게 하면 우리가 악을 선으로 이길 수 있는지 구체적인 방안을 알려준다.

누군가 우리에게 비난을 퍼부을 때 우리는 다음 세 가지 중 하나를 선택할 수 있다. 첫째, 비난을 피하지 않고 반격한다. 이 방법은 대개 싸움으로 발전해 서로를 파탄 낸다. 둘째, 그 자리에서 달아나거나 피한다. 이 방법은 흔히 수치감을 낳고 자아존중감을 잃게 하는 결과를 가져온다. 셋째, 그 자리에 그대로 있으면서 상대방을 솜씨 있게 무장해제한다. 이 가운데 가장 만족스러운 해결책은 세 번째 방법이다. 상대방을 맥 빠지게 만들면 결국 자신이 승자가 될 것이며, 상대방 역시 대체로 승자라고 느끼게 된다.

악한 말 먹어버리기

나는 번스 박사가 말한 세 번째 방법인 '맥 빠지게 만드는 방법'을 응용하여 말로 공격을 일삼는 사람에 대처하는 기술을 '악한 말 먹어버리기'라고 이름 붙였다. 구체적인 방법을 살펴보자.

"당신은 정말 엉망진창이야."

"나도 그렇게 느낄 때가 있어."

"그런 식으로 말하는 것도 정말 맘에 안 들어."

"나도 당신하고 잘 대화하고 싶어."

"당신하고는 도대체 말이 안 통해."

"그래, 내가 생각해도 나는 그다지 대화가 잘 통하는 남편 같지는 않아. 나도 가끔 이런 내가 답답해."

"지금 그렇게 말하는 것도 완전 이기적이라고."

"그렇게 느껴질 수도 있겠다. 나도 사람이니 나만 생각하는 이기적인 모습이 있는지도 몰라."

"항상 이렇게 내 감정을 폭발시키잖아. 내 마음을 알아주지도 않고 항상 변명뿐이야."

"당신이 원하는 건 당신 마음을 알아주는 거였구나. 이럴 때 나도 얼른 공감할 줄 아는 능력이 있으면 좋을 텐데, 그러지 못해서 답답하네. 나도 당신 마음을 잘 알아주고 싶으니 원하는 게 뭔지, 어떤 감정인지 설명해줬으면 좋겠어."

만약 남편이 아내의 말에 "당신은 엉망진창 아닌 줄 알아?"라고 반격했다면 이 대화는 극한의 말다툼으로 번졌을 것이다. 누군가 원색적인 비난을 쏟아부을 때면 공격당한 입장에서 감정을 가라앉히고 상대의 마음을 읽어주기 힘들다. 이럴 때는 남편처럼 상대방의 비난에 오롯이 동의하며 상대의 말을 먹어버리는 것이 비난하는 사람을 맥 빠지게 하는 최고의 기술이다. '말 먹어버리기'는 상대의 공격성을 잠재울 뿐만 아니라 감정의 온도를 낮추는 효과도 있다.

번스 박사는 이 과정을 전하며 당부한다.

이 과정에서 우리가 깨닫는 사실이 있다. 남에게 부당한 비난을 들을 때 자기를 방어하려는 경향이 견딜 수 없을 만큼 매우 강력하다는 것이다. 이것은 중대한 잘못이다! 이 경향에 굴복하면, 상대방이 퍼붓는 비난의 강도도 증가한다는 사실을 알게 될 것이다! 자신을 방어할 때마다 오히려 상대방의 무기에 총알을 보태주는 역설적 상황이 벌어지는 셈이다.

이솝우화『북풍과 태양』스토리에도 이런 원리가 잘 녹아 있다. 거센 바람으로 나그네의 옷을 빨리 벗기려는 북풍과, 빛을 비춰 나그네의 옷을 벗기려는 태양의 싸움에서 태양이 이겼듯, 빛은 언제나 승리한다. 나는 그 빛을 선善이라고 부르고 싶다. 상대가 아무리 매서운 바람으로 공격을 해대도 빛으로 상대에게 선을 보인다면 상대는 거센 바람을 거두고 당신이 내뿜는 선한 빛에 동화될 것이다. 그런 후에 서서히 공격성이라는 방어의 꺼풀을 벗고 진짜 자신의 욕구와 감정을 만나며 당신에게 그것을 전달할 것이다.

"당신 정말 마음에 하나도 안 들어!"라고 말했던 아내가 "나 당신한테 사랑받고 싶어"라고, "너는 정말 사람을 아주 지치게 만들어!"라고 말하던 친구가 "나 너에게 좀 더 존중받고 싶어"라고, "엄마 미워!"라고 말하던 아이가 "엄마, 나하고 놀아주세요"라고 말하게 되는 변화는, 현명한 누군가가 상대의 유아스러운 비난의 말을 먹어버리는 데서 시작된다.

욱하는 그 순간이
당신의 인격을 증명할 타이밍이다

·
·
·

　누군가의 말에 자극받았을 때 일반적으로 거치는 감정적 단계가 있다. 물론 어떤 이들은 찌르기만 하면 욱하고 감정을 표출하기도 하나, 대부분의 사람은 자신의 사회적 위치나 인간관계 등을 고려하여 감정을 표출할지, 조절할지 고민한다.

　스티븐 코비Stephen Covey는 이 감정의 단계를 잘 설명한 글을 우연히 읽게 되었고, 그것이 자기 인생에 큰 영향을 끼쳤다고 말한다. 『성공하는 가족들의 7가지 습관』에서 그 문장을 소개했다.

자극과 반응 사이에 공간이 있다. 그 공간에는 반응을 선택할 수 있는 자유와 힘이 있다. 우리의 성장과 행복은 그 반응에 달려 있다.

여기에는 폭발 직전의 감정을 다루는 법에 관한 중요한 원리가 담겨 있다. 자신의 감정을 상하게 하는 상황이나 다른 사람의 말과 표정이 '자극'이라면, 그로 인해 솟구치는 감정을 표출하거나 대수롭지 않게 넘기거나 유머로 받아치는 것은 '반응'에 해당한다. 그리고 그 사이에는 '공간'이 있다. 사람들은 자극과 반응 사이의 공간에 머물며 생각하고 어떤 반응을 할지 선택한다. '내가 화를 내면 이 사람과 관계가 틀어질지도 몰라', '몇 번이나 참았는데 이번에는 도무지 못 참겠어. 그래, 따끔한 맛을 보여주자'…… 이 공간에서의 생각은 이후의 행동과 반응을 결정짓는다.

반응을 선택할 주도권은 나에게 있다

자극과 반응 사이 공간에서 선택의 주도권은 100퍼센트 자신에게 달려 있다. '나에게 감정을 해결할 주도권이 있다'

라고 알아차리는 것만으로도 감정과 생각에 지배당하지 않고 마음을 가라앉히는 하나의 방법이 된다.

　　욱하는 감정이 올라올 때 '나는 원래 욱하는 성격이니 화를 내도 돼', '이럴 때 화내는 건 당연한 거야'라고 생각하면 감정을 폭발시키는 것이 본래의 성격이라고, 감정을 해소하는 당연한 방식이라고 여기게 된다. 이런 사람은 자극과 반응 사이에 공간이 있다는 것을 모른다. 자신에게 생각과 감정을 선택할 수 있는 주도권이 없다고 인정하는 것과 같다. 즉각적인 감정 표출이 자신의 어쩔 수 없는 본성이라 여긴다면 자극받은 즉시 터뜨리도록 프로그래밍 된 로봇으로 사는 것이나 다름없다. 모든 사람은 자유의지, 선택의 자유를 갖고 있다. '나에게는 감정을 선택할 권리가 있다'라는 분명한 믿음은 감정에 지배당하지 않는 강력한 힘이 된다.

자존감에 관한 강연 중 쉬는 시간에 있었던 일이다. 청중한 분이 빽빽이 필기된 노트를 보여주며 커리큘럼에 대해 세세하게 물었다.

"이 부분은 언제 설명하나요?"

"이 부분은요?"

"그럼 이 부분은 설명한 건가요?"

공격적인 태도로 따져 묻는 상대방의 말과 비언어적 메시지라는 '자극'에 나는 순간 압도당했다.

잠시 뒤, 나는 여러 생각을 멈추고 자극과 반응 사이의 공간에 머물기로 했다. 상대의 말과 행동에 내 판단의 살을 덧붙이지 않고 그가 이 순간 질문을 하는 이유를 파악하기 위해 애쓰고 있었다.

그러자 그 사람이 내게 다시 말했다.

"이 부분에 대한 내용을 굉장히 기대하고 와서요. 놓치고 싶지 않아서 언제쯤 이 내용이 나올지 미리 물어본 거예요."

만약 이때 내가 상대의 말을 '공격'이라 판단하고 자동적으로 반응했다면 나는 내 강연을 기대하며 들으러 온 사람의 마음을 오해하고 상처를 줬을지 모른다.

자극에 판단이 더해질 때 욱하는 마음이 생긴다

우리는 상대방의 말을 메시지 그대로 받아들이기보다 그것을 전하는 분위기와 말투, 느낌을 단서로 자신만의 판단을 덧붙여 받아들인다. 이러한 판단은 종종 감정에 기름을 붓는다. 판단을 잠시 내려두고 근본적인 이유를 들여다보기 위해 공간에 머물러본다면, 자신의 감정을 무분별하게 표출하는 상황을 방지할 수 있다.

스티븐 코비는 "화를 내는 것도 일종의 선택"이라고 강조한다.

우리는 남들 때문에 상처를 받을 수는 있다. 그러나 상처를 받는다는 것과 그 때문에 화를 낸다는 것은 전혀 다른 문제다. 상처를 받는다는 것은 감정이 상한다는 것이다. 그런 상처는 일정 기간 동안 통증을 준다. 그러나 성을 낸다는 것은 상대방에게 보복을 하거나, 문을 열고 나가버리거나, 다른 사람을 불평하거나, 성나게 한 사람을 판단함으로써, 자기가 받은 상처에 따라 행동하기로 선택하는 것이다.

상대가 공격성을 띤 말이나 비언어적 메시지로 툭 건드렸을 때 마음이 상하고 불편해지는 것은 '누구나' 느끼는 감정이다. 하지만 상한 감정을 분노로 폭발시키는 행동은 '누구나' 하지 않는다. 감정과 반응 사이에 그 감정을 어떻게 표현할지 선택할 수 있는 공간이 있다는 것을 기억하자. 이 공간에 머물며 반응의 결과를 미리 생각할 수 있는 사람은 본능 그대로 반응하지 않는다. 감정의 노예가 아닌 감정을 다루는 주인으로 살아간다.

당신은 내 성품에 영향을 끼칠 수 없다

한 가지 더 기억해야 할 것은 공격적이고 헐뜯고 비방하는 사람들이 우리의 감정을 상하게 할 수는 있으나, 우리의 성품에는 영향을 미치지 못한다는 것이다. 다른 사람을 비방하고 해를 끼치는 사람들은 남을 공격함으로써 잠깐은 우위에 서는 것 같겠지만, 비방하고 악독하게 구는 동안 자신들의 양심은 해를 입고 마음은 완고해지며 성품은 점점 망가져간다. 그들의 삶은 그들에게 맡겨버리고 그들의 어떤 공격에도 요동치지 않도록 자기를 지키는 것이 가장 현명한 대처법이다.

욱하는 순간이 바로 당신의 인격을 증명할 타이밍이다. 힘써 마음을 지키는 동안 당신의 인격은 더 높은 차원으로 한 걸음 성장할 것이다.

자극과 반응 사이 공간에서 감정을 자각하는 방법

❶ 신체 변화에 집중하기

감정이 솟구쳐 오를 때 몸에 변화에 귀를 기울여보자. 심장이 두근거리는지, 두통이 생기는지, 숨이 잘 안 쉬어지는지, 팔이 저리는지 등, 다양한 신체 변화에 집중하는 것만으로 감정으로부터 한 걸음 물러설 수 있다.

❷ 감정 느끼기

감정을 단어로 떠올리며 오롯이 느껴보자. 짜증, 두려움, 분노, 속상함, 외로움, 수치심 등 다양한 감정을 수용하는 것이 감정으로부터 도망가려 하는 것보다 더 빨리 진정시키는 방법이다.

❸ 속대화로 자기 공감 시도하기

'내가 지금 화가 나는구나.'

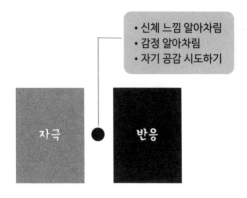

'충분히 화가 날 수 있어. 이런 말을 들으면 당연히 기분이 나쁘지. 하지만 나는 똑같이 상처로 되갚지 않을 거야.'

'감정을 느끼고 어떻게 반응할지 선택권은 나에게 있어.'

자신의 감정을 똑바로 인식하고 그걸 인정하는 자기 공감 대화를 통해 스스로를 이해해본다. 마음속에 자신의 마음을 알아주는 새로운 목소리를 등장시키자. 가능하다면 소리 내어 말해본다. 끓어올라 자신을 잠식하려던 감정은 어느덧 힘을 잃고 저 멀리 흘러가 있을 것이다. 이 과정에 익숙해질수록, 타인에 의해 감정이 휘둘리기보다 스스로 알아차리고 진정시키는 자기 돌봄의 힘이 커질 것이다.

말 너머의 숨은 욕구
알아차리기

·
·
·

화정 씨와 영수 씨 부부가 차를 타고 이동 중이다. 영수 씨는 운전을 하고, 화정 씨는 남편과 함께 듣고 싶은 음악을 틀고 흥얼거린다. 내비게이션에서 도착 예정 5분 전 알람이 울리는 순간, 영수 씨는 표지판을 잘못 보고 고속도로로 진입하고 도착 예정 시간은 30분이 늘어나버린다. 그 순간 영수 씨는 화가 벌컥 난다. "당신 노래 부르는 소리가 너무 시끄러워서 잘못 봤잖아! 안 그래도 늦어서 마음 급해죽겠는데, 정말. 내가 길을 잘 모르니까 당신이 표지판을 잘 봤어야지. 대체 길은 왜 이런 식으로 돼 있는 거야!"

화가 난 영수 씨는 눈앞에 보이는 모든 것을 탓하며 쏘아 댔다. 화정 씨는 원망의 화살이 자기에게 돌아오는 것이 화가 났지만, 얼마 전 들은 대화법 강의를 떠올리며 남편 말 너머의 욕구를 알아차려보기로 했다. 우선, 남편의 비난에 감정이 상해버린 자신의 마음을 알아차리기 위해 자극과 반응 사이의 침묵 공간에 머물렀다. 그리고 자신의 감정이 평온해질 때까지 기다려주었다.

화정 씨가 침묵을 지키는 동안 영수 씨는 계속해서 짜증을 냈지만, 아내가 계속 말이 없자 점차 사그라들었다. 반응해주는 사람이 없으니 혼잣말을 하다 머쓱해져서 거친 숨소리만 몰아쉬었다.

그때, 감정의 평온을 찾은 화정 씨가 영수 씨의 욕구를 알아차려 말로 표현해줬다.

"늦지 않게 도착하려고 했는데 돌아가게 돼서 정말 조급하고 짜증 났겠다. 당신이 길을 잘못 들면 내가 옆에서 보고 있다 말해주면 실수도 안 했을 텐데, 그러지 못해서 나한테 화가 나고 섭섭했나 보네."

어린아이를 달래듯 한참 동안 남편의 비난 뒤에 숨은 진짜 욕구를 알아주려고 노력했다. 평소 같으면 화정 씨도 "당신이 앞을 잘 봤어야지!", "왜 자기가 실수하고 내 탓을 해?"라고 같이 공격했을 것이다.

평소와 다른 아내의 반응에 영수 씨는 민망한 웃음이 새어 나왔다.

"당신 지금 나 놀리는 거지?"

"놀리는 게 아니라, 나 지금 '현명하게 말하기' 연습 중이야. 당신 분노 뒤에 숨은 진짜 마음을 알아주려고."

"좀 어색하긴 하지만 훨씬 낫네."

이내 분위기는 화기애애해졌고, 얼마 뒤 영수 씨는 자신의 잘못을 인정하고 사과했다.

"아까 너무 흥분해서 당신 탓했어. 미안해."

감정의 뇌가 경보기를 울릴 때는 아무런 말도 들리지 않는다

우리 뇌는 3층으로 이루어져 있다. 가장 윗부분인 대뇌 피질은 '이성의 뇌'라고 불린다. 사람만 가지고 있는 뇌 영역이다. 안쪽으로 가면 '감정의 뇌'라고 불리는 2층 뇌가 있다. 이 뇌는 '포유류의 뇌'라고 불리며 감정의 영역을 담당하는 뇌 영역인 대뇌변연계가 자리 잡고 있다. 가장 아래 영역은 '파충류의 뇌'라고 불리는 생명 유지를 하는 뇌로, 뇌간과 소뇌가 해당된다.

외부의 자극으로 감정이 솟구칠 때는 2층 뇌가 비상경보 체제에 들어갔다는 신호다. 중간뇌가 비상 체제가 되면 두려움이나 불안, 화, 짜증 등 부정적 감정들이 곤두선다. 경보 상태를 울린 뇌에 따라 우리는 도망갈지, 싸울지를 선택하게 된다. 동물들이 외부 공격이 들어왔을 때 취하는 본능적인 반응과도 같다. 감정의 뇌가 경보 상태일 때는 3층 뇌인 생각하는 뇌, 이성의 뇌가 제대로 작동하지 않아 이성적으로 생각하고 판단하는 데 어려움을 겪는다.

화가 나 있는 사람에게 "이성적으로 생각해봐", "좋게 말해야지", "지금 당장 미안하다고 말해"라고 말하면 화를 더 부추기게 되는 이유다. 감정이 솟구쳐 있는 상태에서 우리는 마치 티라노사우루스와 같다. 자신을 지키기 위한 본능만이 가득한 상태다. 이때 이성의 뇌를 발동하라는 가르침, 지적은 티라노사우루스를 더욱 자극할 뿐이다. 감정의 뇌로 쏟아내는 말은 거칠다. 공격적이고 비난 일색이며 다른 사람을 탓한다. 자신을 보호하기 위한 본능인 것이다. 감정의 뇌로 대화하는 사람의 말을 들으면 듣는 사람의 감정의 뇌도 함께 빨간 불이 켜지기 쉬운데, 이때 마음을 지키지 못하면 서로 다투게 된다. 마치 티라노사우루스 두 마리가 함께 싸우듯 각자 방어하기 위해 상대를 비난하고 물어뜯는 격이다. 문제는 해결되지 않고 갈등은 깊어지며 서로의 감정은 더욱 격렬해진다.

감정의 뇌를 진정시키는 유일한 해독제

감정의 뇌를 진정시키는 유일한 방법은 알아차림과 무비판적인 수용이다. 분노를 터뜨리며 말하는 사람들의 진짜 욕구, 진짜 마음을 누군가 알아차려주고 이해의 표현을 해줄 때 감정의 뇌는 진정된다.

빵빵해서 곧 터질 것 같은 풍선에 작은 바늘 하나가 닿으면 힘을 잃고 공기가 빠지듯, 날카로운 욕구의 알아차림은 격렬해서 빵빵해진 감정 풍선에 경보기를 끄게 만든다. 그 이후에 이성의 뇌가 발동하기 시작하며 이성적 대화가 가능해진다. "조금 전에는 내가 너무 심했어", "당신한테 그렇게 화낼 일이 아닌데 미안해"라고 그제야 사과할 수 있고, "이제 이 문제를 해결하기 위해 어떻게 해야 하지?" 하고 문제를 해결할 방법을 모색하며 자신의 잘못된 행동을 고치기로 다짐할 수 있게 된다. 단, 이 모든 것은 감정의 뇌가 힘을 잃고 이성의 뇌로 돌아와야만 가능하다. 감정의 뇌가 격해진 상태에서는 사과를 요청해도, 바른 말 하기를 요구해도, 지적하고 간청해도 올바른 대화가 안 된다.

어쩌면 당신은 지금 이렇게 묻고 싶을지 모른다.
"다른 사람 감정을 위해 공감해주다 내 감정은 무시당하는 거 아닌가요?"
"다른 사람 마음 다 알아주면 내 마음은 누가 알아줘요?"
하지만 타인의 감정을 알고 그의 욕구를 파악하기 위해 애쓰는 시간들은 결코 우리 자신을 소모하고 희생하는 것이 아니다. 이는 결국 자신을 위한 것임을 알아야 한다. 타인의 감정의 뇌를 진정시키기 위해 상대의 감정 세계를 탐구하는 기술을 발휘할수록, 자기 감정을 인식하는 기술 또한 쌓이기 때문이다. 이런 기술이 쌓인 사람은 자기 감정의 뇌가 흥분되었을 때 감정에 속아 실수하지 않고 스스로 이성의 뇌로 전환할 수 있는 대처 기술이 발달하게 된다. 누군가로부터 뇌에 비상 동원령이 내려진다 하더라도 그동안 쌓은 감정 인식 능력을 통해 스스로를 곧 안정된 상태로 회복할 수 있는 능력이 생기게 된다. 다시 말해 타인의 감정을 기꺼이 경험하고, 욕구를 알아차리며 감정을 이해하고 수용하는 범위만큼 자신의 감정도 있는 그대로 수용하고 능동적으로 반응할 수 있다.

상대의 말 뒤에 숨은 욕구를 알아차리는 감정 탐구 기술을 연마해보자. 부정적인 말들, 공격하는 말들에 암호화된 진짜 감정과 욕구를 발견하고 풀어내는 연습을 할 때, 감정 조절 능력뿐 아니라 한 가지 더 얻는 것이 있다. 바로 자기 효능감이다. 자기 효능감이란 직면한 과제에 현명하게 대처함으로써 자기 자신에게 느껴지는 긍정적인 감정을 말한다. 능숙하게 갈등을 처리하고 변화를 긍정적으로 이끌어내는 자신을 보면서 자기 능력에 대한 기대치가 높아지고, 이는 결국 자존감의 초석이 된다.

💬 **상대방의 욕구를 알아주는 감정 어휘 표현**

• 충족받고 싶은 욕구: 돌봄받고 싶은, 자유롭고 싶은, 친밀한 관계를 맺고 싶은, 공감받고 싶은, 소속감을 느끼고 싶은, 안전하고 싶은, 즐겁고 싶은, 효능감을 느끼고 싶은, 존중받고 싶은, 여유롭고 싶은, 성취감을 느끼고 싶은, 자신감을 느끼고 싶은 욕구 등.

• 좌절되었을 때 느끼는 감정: 걱정되는, 불안한, 긴장되는, 초조한, 슬픈, 속상한, 섭섭한, 우울한, 실망스러운, 화나는,

짜증 나는, 부끄러운, 막막한, 실망스러운 감정 등.

• 갑자기 일정이 생겨 데이트를 취소해 화가 난 여자 친구에게

"오늘 같이 데이트하면서 즐거운 시간을 보내면 좋았을 텐데, 그러지 못해서 미안하고 아쉬워."

• 외식을 나왔는데 식당이 형편없어 말다툼 끝에 화가 난 남편에게

"모처럼 나와서 좋은 시간 보내면 좋았을 텐데, 그러지 못해서 당신도 나처럼 속상했을 것 같아."

• 맡은 일을 성공적으로 해내지 못해서 속상해하는 동료에게

"이번 일이 잘되길 많이 바랐을 텐데, 그렇게 되지 못해서 실망스러운 감정 충분히 이해해."

두려움을 몰아내는
마법의 언어

•
•
•

사회 초년생 민식 씨는 업무 과실로 상사에게 꾸중을 들었다.

"민식 씨, 일을 이렇게 처리하면 어떡하나? 내가 몇 번이나 주의를 줬잖나. 기대 많이 했는데, 이번에 일 처리하는 거 보니 좀 실망이네."

퇴근하고 집에 돌아와 민식 씨는 생각했다.

'차장님은 이제 나를 신뢰하지 않아. 나한테 실망했으니 더 이상 중요한 일은 맡기지 않을 거야. 이제 회사 생활은 끝이야.'

생각에 빠져들수록 결론은 '사직서'뿐이었다.

며칠 뒤, 민식 씨는 상사에게 사직서를 제출했고 박 차장은 깜짝 놀라 말했다.

"민식 씨, 이게 뭐예요? 내가 이번 일로 몇 마디 했다고 그러는 거야? 일을 하다 보면 실수도 하고 잘 못하는 때도 있는 거지, 이런 일로 사직서를 써? 다시 가져가요. 나는 여전히 민식 씨가 좋은 능력을 갖고 있다고 믿어."

자리로 돌아온 민식 씨는 미안함과 부끄러움, 고마움 등 여러 가지 감정에 북받쳐 겨우 눈물을 참아야 했다.

때때로 우리는 민식 씨와 같은 경험을 하곤 한다. 사랑하는 사람과 다퉜을 때 '나를 사랑하면 어떻게 저런 말을 해? 저런 말을 할 정도면 나를 사랑하지 않는 게 분명해. 헤어져야겠어'라며 성급하게 이별을 통보하고 후회하기도 하고, 친구의 말실수에 과도하게 반응하며 인연을 끊었다가 뒤늦게 오해였다는 걸 알고 미안해하기도 한다.

극단적 결정을 부르는 이분법적 사고방식

타인의 말이나 상황에 따라 '이제 끝이야', '인연을 끊어야 해', '이건 나에게 헤어지자는 뜻이나 다름없어'라며 극단적인 결론을 내리는 생각 패턴을 심리학에서는 '인지왜곡cognitive distortion'이라고 부른다. 외부의 자극이나 누군가의 말을 전부 좋거나 나쁜 것으로 보는 것이다. 그 틈의 여러 가지 다른 가능성들을 고려하지 못한다. '이 사람이 이렇게 말한 건 나를 싫어해서야', '이렇게 행동한다는 건 분명 나를 사랑한다는 증거야'라며 양극단으로, 다시 말해 흑과 백으로만 구분하여 상황이나 말을 받아들이는 것이다. 이러한 사고방식을 다른 말로는 '이분법적 사고binary thinking', '양자택일적 사고all or nothing thinking'라고도 부른다.

이분법적 사고는 중간이 없다. 친구 아니면 적, 옳지 않으면 틀린 것, 선과 악 등 두 가지의 상반된 개념만 있을 뿐이다. 이러한 생각으로 관계를 이어간다면 우리는 마치 전쟁터에서 살아가는 것과도 같을 것이다. 다른 사람의 말 한마디에 천국과 지옥을 오가며 마음이 소진된다. 그렇다 보니 이분법적인 사고방식은 우울증을 일으키기 쉬운 생각 방식 중의 하나로 꼽히기도 한다. 이러한 사고 패턴에 변화를 주지 않는다면 왜곡된 생각 구조가 습관이 되어 중간에 있는 무수한 가능성과 생각, 감정 들을 고려하지 못하고 우울하고 자기 파괴적인 생각으로 쉽게 빠지게 된다. 상대의 말에 불필요한 상처를 만들어 아파하기를 반복하지 않으려면 이와 같은 생각 방식에서 벗어나야 한다.

인지왜곡에서 벗어나는 말, "그럴 수도 있겠네"

"그럴 수도 있겠네"는 자신의 감정과 상대의 감정 사이 수 많은 가능성의 문을 열어주어 통합적인 시각을 갖게 해주는 말이다. 정서적 소통의 목적은 문제를 해결하거나 잘못을 지적하는 것이 아닌, 상대의 의견을 수용하며 서로 이해하고 감정을 연결하기 위함이다. 서로를 연결해주고 타인의 어떠한 의견이나 생각을 수용할 수 있도록 돕는 말이 바로 "그럴 수도 있겠네"다.

말 한마디 바꾼다고 생각이 변할까? 철학자 프랜시스 베이컨은 "인간은 자신의 마음이 언어에 명령을 내린다고 생각하지만 언어라는 곰이 우리의 마음을 지배하는 경우가 더 많다"라는 말을 남겼다. 말과 생각의 연관성은 우리가 짐작하는 것보다 더 크고 밀접하다.

한 교도소에서 수감자를 대상으로 말과 행동에 관한 연구를 진행했다. 연구자들은 보통 사람이면 쉽게 지나칠 일에도 수감자들은 유독 쉽게 화를 내는 이유를 알고자 했다. 그들은 시시때때로 감정을 참지 못해 폭력이나 싸움을 일으켰다. 연구 결과, 원인은 수감자들의 거친 언어 습관으로 밝혀졌다. 평소 사용하는 과격하고 극단적인 언어 습관이 극단적인 생각과 행동으로 이어진 것이다.

뇌를 변화시키는 이분법적인 사고

생각 방식에서 선택할 여지가 두 가지밖에 없는 사람들은 무수한 가능성과 변수가 존재할 수 있다고 생각하는 사람에 비해 마음의 평온을 잃을 확률이 더욱 높다.

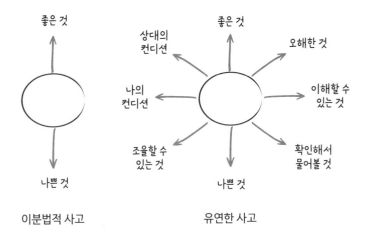

이분법적 사고   유연한 사고

이분법적 사고는 부정적인 감정에 쉽게 노출되게 만들고 심지어는 우리의 뇌를 변형시키기도 한다. 부정적인 감정을 자주 느끼면 감정의 뇌라고 불리는 변연계의 한 부분인 편도체가 자극된다. 편도체는 이성을 거치지 않고 반응하도록 설계되어 있다. 위험 상황을 재빨리 인식해 싸우거나 도망가는 액션을 취하여 자신을 보호하기 위함이다. 편도체가 과도하게 자극되면 시도 때도 없이 울리는 경보 장치를 갖고 있는 것과 같다. 늘 피하거나 싸울 대비를 해야 하는 탓에 긴장 상태에 머물기 때문에 심리적 압박감을 견디기 힘들어 우울감에 빠지거나 문제 행동을 일으키는 선택을 하게 된다.

편도체가 자극되면 변연계 또한 과도하게 활성화된다. 뇌는 한 영역이 과도하게 활성화되면 다른 영역의 뇌 기능이 약화되는데, 변연계가 활성화될 때 상대적으로 전두엽의 기능이 약화될 수 있다. 전두엽은 타인의 마음에 공감하고 사랑을 경험하거나 관계에서 유대감을 느끼도록 하는 뇌 영역이다. 또한 자신의 부적절한 행동을 인식하고 바른 행동으로 바로잡게 만들고 논리력과 예리한 사고력, 문제 해결 능력을 담당하고 있는 뇌이기도 하다. 전두엽 기능이 약해지면 옳음을 판단할 수 있는 지각 능력이 점점 힘을 잃고 잘못된 선택을 할 위험이 높아진다. 부정적인 생각과 그로 인한 감정들을 자주 느끼는 탓에 두려움에 압도당하고, 이 두려움의 감정은 건강한 사고를 할 수 있는 생각의 힘을 마비시키기 때문이다.

신경정신과 의사인 티머시 R. 제닝스Timothy R. Jennings는 『뇌, 하나님 설계의 비밀』에서 이 과정들에 대해 다음과 같이 설명한다.

두려움이 커지면 사랑과 성장과 발달과 건강한 사고는 줄어든다. 사랑이 커지면 두려움이 줄어들 뿐 아니라 성장과 발달과 건강한 사고가 모두 향상된다. 두려움과 사랑은 반비례 관계다. 우리가 건강한 사랑, 긍휼, 이타심, 공감, 논리력, 판단력, 예배하는 능력, 양심, 도덕성, 계획하고 조직하고 문제를 해결하는 능력 등을 경험하는 곳은 바로 전전두피질이다. 반면에 두려움, 불안, 이기심, 분노, 격분, 정욕, 질투, 시기, 공격은 끊임없이 자극된 대뇌변연계에서 발생한다.

카메라 렌즈를 바꿔 끼듯 다양한 시각에서 바라보기

두려움을 몰아내고 자신의 전전두피질을 진정시키는 마법의 언어가 "그럴 수도 있겠네"다. "그럴 수도 있겠네"라고 말하며 사고를 전환하는 과정은 마치 뜨거운 국을 불어서 식히는 것과 같다. 두려움에 압도당한 변연계를 "그럴 수도 있겠네"라는 말로 식힐 때 뇌는 합리적인 사고를 할 수 있는 상태로 전환된다.

"그럴 수도 있겠네", "당신 말도 옳네" 같은 표현은 세상을 보는 카메라 렌즈를 바꿔 끼는 말과 같다.

사람들이 갖고 있는 마음의 시각, 각자의 내적 지도에 따라 한 가지 사건도 모두 다른 관점으로 해석될 수 있다. 상대의 말을 상처로 받아들이는 사람과 웃으며 수용할 수 있는 사람의 차이가 존재하는 이유는 각자에게 존재하는 상황과 말을 해석하는 내적 지도가 모두 다르기 때문이다. "그럴 수도 있겠네"는 자신의 내적 지도에 상대의 말을 왜곡되게 해석하게 하는 체계가 있다면 그것을 확장시키고 유연하게 만들어주는 말이다. 즉, 자기 마음이 부정적인 감정이나 두려움에 속지 않도록 영혼을 보호하는 하나의 무기인 것이다.

감정에 압도당해서 이성적인 판단이 흐려질 때 "그럴 수도 있겠네"라는 렌즈로 바꿔 껴서 마음의 시야를 확장해보길 바란다. 그렇게 감정과 사고가 유연해지는 연습을 거듭하면 어떤 상황에도 마음을 뺏기거나 휘둘리지 않고 합리적이고 현명하게 대처할 수 있게 될 것이다.

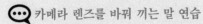 카메라 렌즈를 바꿔 끼는 말 연습

[상황]

- 상대방의 말이 잘 납득되지 않으나 문제를 만들고 싶지 않을 때
- 상대방이 자기 말만 옳다고 고집부리며 주장할 때
- 상대방의 말이 잘못되었다고 지적하고 싶은 마음이 들 때
- 상대방이 나를 오해하고 비난하는 말을 할 때

[언어 처방전]

"그럴 수도 있겠네."

"그렇게 생각할 수도 있겠구나."

"그런 관점으로 볼 수도 있겠구나."

"이번 일은 그렇게 느낄 수도 있겠어."

나를 조종하는
핵심감정 찾기

•
•
•

효진 씨는 남자 친구와 데이트를 하러 시간 맞춰 약속 장소에
나갔다. 그런데 약속 시간이 지나도 남자 친구가 오지 않았다.
여러 번 전화해도 받지 않자 점점 걱정이 되었다. 시간이 흐를
수록 심장은 두근거렸고 불안한 생각이 꼬리를 물고 이어졌다.
'혹시 오다가 사고가 난 건 아닐까?'
'전화는 왜 안 받는 거지?'
'얘가 오늘 만나자고 해놓고 나랑 헤어지려고 그러나?'
효진 씨의 마음은 불안과 두려움으로 가득해졌다.
40분 뒤, 남자 친구가 약속 장소에 나타났다.

"미안, 핸드폰을 두고 나와서 집에 다시 갔다 오느라 늦었어."

여러 번 사과했음에도 화가 풀리지 않는 효진 씨에게 남자 친구는 말했다.

"고작 이런 일로 뭐 이렇게까지 화를 내. 넌 애가 왜 이렇게 이해심이 없니?"

이 말에 효진 씨의 감정은 결국 폭발해, "고작 이런 거?" 하고 울먹이다 곧장 자리를 박차고 떠났다.

남자 친구는 상황도 충분히 설명했고 사과도 했는데 이렇게까지 격분하는 효진 씨가 이해되지 않았다. 효진 씨 역시 그 정도로 감정이 폭발한 이유가 이해되지 않았지만, 남자 친구의 말이 계속 맴돌았다.

'고작이라니, 이해심이 없다니, 나한테 어떻게 그런 말을 할 수 있어?'

감정이 가라앉고 나자 효진 씨는 곰곰이 생각했다.

'이해하라는 말에 왜 그렇게 화가 났을까? 그렇게 화낼 일도 아니고, 맞는 말을 한 것 같기도 한데 그렇게 민감하게 반응했던 이유가 뭘까?'

생각 끝에 효진 씨는 남자 친구가 내뱉은 말이 자신에게 민감한 단어라는 것을 깨달았다.

효진 씨는 어릴 때부터 남동생 둘을 돌보며 자랐다. 바쁜 부모님을 대신해 동생들을 돌보는 일은 효진 씨에게 늘 버거운 숙제였다. 남동생이 자신의 장난감을 함부로 만지거나 망가뜨려 속이 상해서 부모에게 하소연하면 항상 이런 말이 돌아왔다.

"너는 고작 동생이 그런 것 가지고 그러니? 네가 누나니까 이해해야지. 그렇게 속이 좁아서 어디에 쓸래?"

효진 씨에게 '이해'라는 단어는 수치심을 자극하고 이해받지 못한 슬픔, 거절감을 불러일으키는 말이었고, '이해해'라는 요구는 그녀를 취약하게 만드는 말이었다.

핵심감정이 찔렸을 때 나타나는 신호 반응

때때로 사람들은 타인이 보기엔 사소하고 가벼운 말과 행동에 큰 상처를 받고 과도하게 반응한다. 말 한마디에 분노를 터뜨리거나 돌이킬 수 없는 실수를 하기도 한다. 특정 상황이나 단어, 표현, 비언어적 몸짓에 의해 자동적으로 감정이 촉발되는 반응을 일컬어 정신분석학자들은 '신호 반응signal reaction'이라고 부른다. 신호 반응은 사람들이 살아온 삶에 따라 각자 다른 모습을 갖고 있다. 주로 자신의 깊은 아픔과 연결된 핵심감정이 건드려질 때 작동하는 방어적 신호다.

핵심감정이란 무의식 뿌리에 심겨져 있는 해결되지 않은 감정, 가장 근원적인 상처와도 같다. 과거에 생긴 상처로 인한 감정이 해결되지 않은 채 남아 있어 세상을 보는 방식과 생각에 영향을 준다. 핵심감정은 각자에게 특정한 반응을 불러일으키고 행동하게 하여 삶의 방향을 조종하는 원초적인 정서와도 같다.

핵심감정이 자극되어 신호 반응이 나타날 때면 뇌는 이성적으로 판단할 수 없게 된다. 비상 방어체제에 돌입하여 자기도 의식하지 못하는 사이 과민한 정서를 일으키는데, 이를 두고 '무의식적 연령 퇴행spontaneous age regressions'이 일어났다고 말한다.

핵심감정을 알지 못하면 감정에 지배당한다

해결 안 된 핵심감정이 무엇인지, 그것이 건드려질 때 자신의 신호 반응이 어떻게 일어나는지 알아차리지 못하면 스스로도 모르는 사이 부정적인 감정의 악순환에 빠져들 수 있다. 별일 아닌 일에 격노하고 분노를 폭발하는 탓에 관계는 깨지고, 뒤돌아서서 자책과 죄책감, 무기력감에 압도된다.

핵심감정에는 부담감이나 경쟁심, 억울함, 열등감, 외로움, 질투, 두려움, 무기력감, 공포, 불안, 소외, 적개심, 슬픔과 같은 감정 등이 있다. 핵심감정이 '분노'인 사람이 자신의 핵심감정을 알아차리지 못하고 늘 분노를 일으키는 사소한 말에 반응하게 된다면 신호 반응은 곧 그 사람의 성격이 돼버리고 만다. 처음에는 분노로부터 자신을 지키려고 분노하지만, 계속 분노하다 보니 '화를 자주 내는 성격'으로 변하게 되는 것이다.

심리치료사 거쉰 카우프만Gershen Kaufman은 『돌봄의 힘The Power of Caring』에서 핵심감정에 지배당했을 때 그것이 성격으로 굳어지는 원리에 대해 자세히 묘사한다. 가령 분노가 스스로를 방어하는 전략이 될 경우 분노에 집착하는 성격이 되는데, 이런 사람은 이유를 막론하고 타인을 적대적으로 대하게 된다고 설명한다. 심리치료사 슈테파니 슈탈Stefanie Stahl의 저서 『심리학, 자존감을 부탁해』에는 핵심감정이 외로움, 소외감인 사람에 관한 설명이 나온다. 이런 사람들은 타인에게 외면당하는 것에 대한 불안감이 크기 때문에 오히려 자신이 먼저 타인을 외면하는 편을 택한다.

쌀가마니 어디를 찔러도 쌀이 나오는 것처럼, 핵심감정은 개인의 삶의 모든 영역에 녹아 있다. 소외감을 느끼지 않기 위해 다른 사람을 먼저 소외하거나 관계를 차단하며 내면의 소외감으로부터 계속 벗어나지 못하는 것처럼, 핵심감정을 알아차리지 못하면 그것을 피하기 위해 몸부림치며 살아가는 탓에 오히려 그 감정에 지배당하게 된다.

우리를 조종하는 핵심감정으로부터 벗어나는 길은 자신의 내면 지도에서 해결되지 않은 감정을 탐색하는 데서 시작된다. 그리고 종착점은 상담이나 지인과의 대화, 또는 관련된 책을 읽으며 깨닫는 셀프 분석을 통해 미해결 과제를 해결 과제로 전환하는 것이다. 이 과정은 너무나 지난하기 때문에 의식적인 노력이 필요하다.

그 의식적인 노력의 첫걸음을 시작해보자. 제일 먼저 평소 다른 사람의 말과 행동으로 인해 자극되는 자신의 감정을 인식해야 한다. 핵심감정을 지키기 위한 신호 반응, 즉 방어 본능은 무의식적으로 이루어지기 때문에 화를 내버리고는 무엇 때문에 화가 났는지 모를 때가 많다. 자신이 유독 참기 힘든 때가 언제인지, 자신이 방어적으로 변하고 평소와 다르게 행동하게 되는 말과 상황이 무엇인지 미리 알고 있다면 자신을 지배하려 드는 핵심감정으로부터 한 발짝 떨어져 스스로를 객관적으로 이해할 수 있게 된다.

핵심감정은 나를 돕는 감정이기도 하다

나의 핵심감정이 유발되는 상황은 내가 기대한 답을 상대에게 듣지 못하거나, 예측하지 못한 반응을 경험할 때였다. 이럴 때면 스스로도 이해할 수 없는 분노, 좌절감, 수치심이 느껴져 공격적으로 변하는 것을 여러 번 경험했다. 대수롭지 않은 말인데도 이런 감정적 변화가 나타나면 무의식적 퇴행이 일어나곤 했다.

심리학을 공부하면서 나는 내가 기대한 것이 좌절되었을 때 그것을 나에 대한 공격, 비난으로 받아들이는 감정 패턴을 발견했다. 어릴 적부터 감정을 공감받거나 이해받지 못하며 자란 결과 자리 잡은 핵심감정이었다. 이것을 발견한 후 어떻게 하면 거절감에서 벗어날 수 있을지 여러 시도를 했지만, 번번이 실패했다. 그리고 결국에는 거절감이 내 아킬레스건이라는 사실을 받아들이고 이 부분이 취약하다는 것을 수용하기에 이르렀다.

한편 나는 이런 거절감에 취약하기에 상대가 같은 감정을 경험하지 않도록 배려해서 말하고 이해할 수 있게 설명하는 데 주의를 기울였다. 그러다 보니 누군가와 갈등이 일어날 법할 때 마찰 없이 조율할 수 있게 되었고, 사람들을 이해할 수 있는 폭이 넓어졌다. 나의 취약한 부분을 보호하려고 했던 노력들이 이러한 능력을 키워준 것이다.

이처럼 핵심감정의 이면에는 아픈 감정으로부터 보호하기 위해 애썼던 시간들로 인해 얻게 된 심리적 자원들이 분명 있다. 핵심감정을 나쁜 감정으로만 여길 것이 아니라, 그 감정이 있기에 자신이 누리고 버텨낼 수 있었던 부분을 생각해본다면 자기 감정을 통합적으로 이해하고 수용하는 데 도움이 될 것이다.

• 나의 핵심감정은?

부담감, 외로움, 그리움, 억울함, 경쟁심, 열등감, 슬픔, 불안, 공포 등

• 핵심감정을 보호하기 위해 노력하며 내가 얻은 것들

_____

_____

당신의 핵심감정에 대해 알아갈수록 다른 사람의 '말' 자체에 감정이 뒤흔들리도록 내버려두기보다 바로 그 순간이 마음을 돌봐줘야 할 타이밍이라는 것을 알아차리게 된다. 타인의 사소한 말에 걸려 넘어지거나 실수하거나 자책하는 대신, 자기를 더 이해하고 수용하는 연습의 기회로 활용할 수 있다.

핵심감정이 일어날 때 지혜롭게 대처하기

1. 잠깐 감정과 거리 두기

2. 다른 때보다 더 많은 관심과 돌봄이 필요한 때라는 것을 인지하기

3. 지금의 나는 그때와 다른 나이며 감정의 주도권을 가질 수 있는 힘이 있음을 믿기

4. 감정을 억압하거나 폭발하지 않고 효과적인 방법으로 표현하여 해결할 수 있음을 믿기

5. 소리 내어 상대에게 건넬 말을 연습해보기

✏️ 나의 핵심감정을 유발하는 상황 알아차리기

• **내 감정이 동요되는 상황을 체크해보자**

☐ 나를 무능한 사람으로 여기는 말을 들을 때

☐ 통제적이고 강압적인 표현을 들을 때

☐ 성과 관련한 질문이나 말을 들을 때

☐ 옷이나 외모에 대한 이야기를 들을 때

☐ 나를 이용하려는 말을 들을 때

☐ 나의 말투나 행동에 대해 지적하는 말을 들을 때

☐ 놀리는 말을 들을 때

☐ 종교에 관하여 강압적으로 구는 말을 들을 때

☐ 부담감을 일으키는 말을 들을 때

☐ 큰 소리로 말하거나 상스러운 단어를 사용하여 말할 때

1. 최근 가장 화가 났거나 작은 일인데 방어적으로 행동한 상황은 무엇인가?

_____

_____

_____

2. 그 순간 어떤 감정을 느꼈는가?

예) 부담감, 외로움, 그리움, 억울함, 경쟁심, 열등감, 슬픔, 불안, 공포 등

_____

_____

_____

3. 그 감정을 느꼈던 최초의 경험이나 선명한 기억이 있는가?

_____

_____

_____

_____

_____

자신의 핵심감정을 찾는 과정은 스스로를 더 알아가고 이해하고 수용하는 과정이다. 당신의 핵심감정은 '문제'가 아니라 감정의 취약한 부분, 아킬레스건일 뿐이다. 약한 부분도 당신의 일부이며 어떤 면에서는 지금까지 당신을 지탱해준 감정임을 믿고 인정해주자.

Part 4

나쁜 감정에
휘둘리지 않게

: 과거의 상처가 만든 불안에서 해방되기

불안한 사람의 마음에는
가혹한 비판자가 산다

●
●
●

지현 씨는 최근 깊은 우울감 때문에 상담을 받았다. 그 과정에서 일상적으로 자신에게 보내는 메시지들을 발견했는데, 이 메시지들에는 하나의 공통점이 있었다. 굉장히 가혹한 목소리들이었다는 점이다.

'완벽하게 처리해야 해. 실수하면 다 나를 바보로 생각할 거야.'

'이 정도밖에 못 해? 고작 이런 것도 제대로 못 하면서 무슨 일을 하겠다는 거야.'

무슨 일이든 실수 하나 없이 완벽하게 해내야 한다는 목소리, 잘해내고 있어도 여전히 부족하다고 꾸짖는 목소리들이 머릿속에서 떠나지 않았다. 어쩌다 실수라도 한 날이면 가혹한 목소리는 더욱 커졌다. 끊임없이 꾸짖고 책망하는 목소리 때문에 지현 씨의 불안과 우울은 더욱 깊어갔다.

"이것도 못하는 나는 쓸모없는 사람이야."
"나는 이제 망했어. 이렇게 멍청해서 뭘 할 수 있겠어."
"이렇게 무능력한 나는 나가 죽어야 해."

실수를 하거나 자신이 한 일의 결과가 만족스럽지 못할 때 그런 자신에게 위로와 격려를 해주기보다 가혹한 목소리로 스스로를 학대하는 이들을 자주 만난다. 나는 이런 사람들을 만날 때마다 한 가지 질문을 던진다.

"그 아이가 태어나면서부터 자기 자신에게 그토록 가혹하진 않았을 텐데, 도대체 어떤 삶이, 어떤 경험들이 스스로에게 그토록 가혹하게 굴도록 만들었을까요?"

질문을 들은 이들은 한동안 생각에 잠겨 자신이 살아온 삶을 복기한다. 그리고 대부분 가장 아팠던, 가장 도움이 필요했던 순간에 자신을 대하던 부모의 가혹한 메시지들을 떠올린다. 지현 씨를 대하는 가혹한 목소리의 시작점 역시 어렸을 적 엄마가 자신에게 보낸 메시지들이었다.

"너는 동생 하나 제대로 못 보면서 앞으로 뭘 하겠다고 그러니."

"엄마, 아빠가 학원 다 보내주는데 성적을 이딴 식으로 받아와, 머저리야!"

"너는 정말 하나도 도움이 안 되는 아이야."

많은 사람이 자기 안의 가혹한 목소리가 과거에 부모가 자신을 대하던 방식이었다는 것을 깨닫고 큰 슬픔과 충격에 빠진다. 부모로 인해 참 많이 아팠고 그 가혹한 말들로 인해 깊은 상처를 받았는데 자기 역시 그 방식 그대로 스스로를 대하고 있었다는 사실에 당황하는 것이다. 그러나 이 알아차림은 자기 마음속의 가혹한 목소리와 이별할 신호탄이 된다. 바로 그 단계에서 스스로를 대하는 새로운 목소리를 등장시킬 치유의 여정이 시작되기 때문이다.

내가 악마, 타자가 천사인 세상을 선택하는 아이들

어떤 부모들은 아이들을 혼낼 때 "다 너 때문이야", "다 네 잘못이야", "너 때문에 되는 일이 하나도 없어"라는 말을 하곤 한다. 아이들은 부모의 이런 말들이 속상함과 서운함, 분노에 휩싸여 내던지는 잘못된 표현 방법이라는 것을 알아채지 못한다. 말 그대로 모든 것이 자기 잘못이라고, 자기 때문에 벌어진 일이라고, 자신은 제대로 하는 일 하나 없이 사고만 치는 구제 불능이라고 곧이곧대로 받아들이게 된다.

왜일까? 아이들은 본능적으로 자신의 부모를 가장 좋은 사람이자 옳은 사람이라고 믿고 싶어 하기 때문이다. 아이에게 부모는 세상과 같다. 만약 아이가 "부모가 그렇게 말하는 건 잘못된 행동이에요. 동생 과자 뺏어 먹었다고 쓸모없는 사람이 되지는 않아요"라고 말한다면, 그 아이는 앞으로 자신의 부모를 전적으로 신뢰할 수 없게 되는 셈이다. 부모를 신뢰하지 못한다는 건 평생 붙들고 살아갈 안전한 삶의 기반이 무너지는 깊은 상실과도 같다. 다행인지 불행인지 아이들은 부모의 말과 행동을 객관적으로 판단하지 못하고, 전적으로 신뢰하며 모든 말이 옳다고 받아들이게 된다.

아이들은 자신을 천사라 여기면 주변이 악마가 되는 위험을 감당해내지 못한다. 그래서 잘못된 방법으로 가혹하게 구는 부모일지라도 부모의 말을 100퍼센트 옳다고 수용하는 세상을 무의식적으로 선택한다. 다시 말해, 자신이 악마이고 세상인 부모가 천사인 삶을 본능적으로 택하는 것이다.

"나는 동생을 더 잘 봐야만 착한 사람이야."

"내가 성적을 잘 받아야만 엄마, 아빠가 날 사랑할 거야."

"지금보다 더 완벽해져야만 가치 있는 사람이 되는 거야."

가혹한 부모의 목소리는 아이들 안의 자기 메시지들로 굳어지고, 시간이 흘러 자신을 가혹하게 대하는 목소리로 재출현한다.

내 안의 비판자는 부모가 나를 대한 목소리였다

마음속에 살고 있는 가혹한 비판자에 대해 심리치료사 비벌리 엔젤은 『좋은 부모의 시작은 자기 치유다』에서 다음과 같이 말한다.

마음속 비판자의 목소리는 아주 교활한 데다 그 목소리가 바로 우리 자신인 것처럼 아주 깊이 스며들어 있기 때문에 그것이 미치는 파괴적인 영향을 깨닫기란 쉽지 않다. 자신을 비난하는 생각이나 목소리가 들릴 때 '이 목소리는 마음속 비판자구나'라고 의식적으로 알 수도 있지만, 마음속 비판자는 습관처럼 작동하기 때문에 깨닫지 못하는 경우가 훨씬 많다.

(…)

마음속 비판자는 종종 그 자체가 우리의 목소리처럼, 그리고 무엇이 옳고, 무엇이 필요하고, 무엇이 어떤 의미를 갖는지에 대한 생각들이 우리 자신한테서 나온 생각인 것처럼 보이게 만든다. 그러나 속아서는 안 된다. 그 목소리는 우리의 진짜 목소리가 아니다. 우리 안에 살고 있는 다른 누군가의 목소리다. 그것은 바로 우리를 질책하고 비난하던 부모의 목소리다.

심리학자 존 브래드쇼John Bradshaw 또한 『수치심의 치유』에서 이 내면의 목소리에 대한 연구 결과들을 알려준다.

에릭 번은 이(내면의 목소리)를 가리켜 "부모 노릇을 하려는 소리들이 녹음된 카세트 테이프와 같다"고 표현했다. 연구 결과에 따른 추정으로는 25,000시간 분량의 목소리가 우리 안에 입력되어 있다고 한다. 프리츠 펄스와 게슈탈트학파의 경우에는 이 목소리를 '삽입된 부모의 목소리'라 부른다. 뭐라 부르든 간에 우리 안에 이런 부정적 목소리가 들어 있는 것만은 확실하다. 수치심이 내재된 사람은 다른 사람보다 훨씬 더 많은 어마어마한 양의 부정적인 소리를 듣는다. 자신을 절망시키며 움츠러들게 하는 소리들 말이다.

이 목소리는 실수하거나 만족스럽지 못한 상황, 부정적인 감정을 느낄 때 스스로를 질책하는 메시지로 나타난다.

'그럼 그렇지, 네가 뭘 한다고', '저 사람들은 널 분명 미워해. 넌 혼자야. 아무도 너랑 가까이 지내려고 하지 않아', '너는 정말 못됐구나' 등 스스로를 주저앉히고 우울과 불안, 자존감을 떨어뜨리는 메시지들이다.

자신 안에 작용하는 가혹한 메시지가 파괴적인 이유는 이 메시지가 메시지로 끝나지 않고 자신의 존재감을 결정짓고, 타인과 세상을 바라보는 잣대가 되기 때문이다. 이 부정적인 메시지들은 '나는 아무것도 할 수 없는 사람', '나는 대인관계가 어려운 사람', '나는 성격이 까다로운 사람' 같은 부정적인 프레임을 씌우고 결정과 행동에 영향을 미친다. 용기를 내어 앞으로 나아가거나 무엇인가를 시도하고, 문제를 해결해나가며 마주할 참자아를 만나지 못하도록 하는 걸림돌이 된다. 이 메시지들은 자신을 학대하고 몰아세울 뿐 아니라 타인을 평가하고 비난하는 메시지들로도 작용한다. '저 사람은 가짜야', '못하면서 잘하는 척하기는', '못됐으면서 착한 척하는 것 봐' 하고 이유 없는 시기와 미움, 질투와 분쟁으로 관계를 악화시키거나, 자신이 자신을 바라보듯 타인 역시 완벽하지 못한 자신을 판단할 거라 생각한다. '쟤는 쓸모없어', '쟤는 좋은 친구가 아니야'라고 바라볼 거라며 마음의 벽을 세우고 관계를 단절시킨다.

지현 씨 역시 완벽하지 않은 자신을 용납할 수 없듯 자신의 남자 친구와 친구들도 실수하거나 완벽하지 않은 자기 모습을 수용해줄 수 없을 거라고 생각했다. 그래서 관계의 벽을 만들거나 도리어 화를 내고 감정을 폭발시키고 괴로워하기를 반복했다. 하지만 우리 안의 가혹한 목소리와는 달리, 친구들은 있는 그대로 완벽하지 않은 우리, 무언가를 하지 않아도 되는 우리, 존재 자체로의 우리를 받아들이고 있을지 모른다.

자기 공격을 멈추는 유일한 길

누군가는 이렇게 말한다. 자기에 대한 비판자가 있어야만 더 발전할 수 있지 않느냐고. 그러나 가혹한 비판자는 결코 우리를 성장으로 이끌지 않는다. 마음이 무너졌을 때 일으켜 세우고 독려하여 다시 걷게 하기보다, 더욱 무너지게 하고 다시 일어설 수 없게 만든다. 자존감에 상처를 주고 현실로부터 도망가거나 회피하게 한다. 즉, 이 비판자는 우리 안의 변화할

수 있는 능력, 스스로를 치유하고 관계를 회복하여 자신과 타
인을 수용하려는 용기와 능력을 갉아먹을 뿐이다.

이 목소리의 정체를 알아차리고 통제해나갈 때, 우리는 삶
을 우리가 원하는 방향으로 변화시킬 수 있다. 자기 비난으로
부터 벗어나 스스로를 존중하고 지키며 내면적 자기와 화해
할 수 있다.

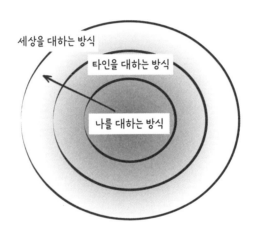

지현 씨는 가혹한 비판자의 목소리가 들릴 때마다 매번 상
처받고 부담감을 느꼈다. 우리는 외로웠던 그 시절의 나, 내면
아이를 알아차리고 감정을 함께 슬퍼해주는 애도 작업을 해
나갔다.

"지현 씨, 그 아이가 참 힘들었겠네요. 동생을 챙겨야 한다는 부담감, 공부를 잘하지 않으면 엄마에게 사랑받을 수 없다는 슬픔에 빠진 아이를 느껴보세요. 그 아이를 보니까 마음이 어때요?"

"너무 불쌍해요. 속상하고요. 달래주고 싶어요."

"그래요, 그 아이의 마음을 알아주는 이가 아무도 없었네요. 얼마나 힘들었겠어요. 모든 것이 내 잘못이고 부모의 말을 따라 자신을 가혹하게 비난하는 그 아이에게 지현 씨는 무슨 말을 해주고 싶어요?"

"네 잘못이 아니라고, 그거 다 거짓말이라고 말해주고 싶어요. 동생 잘 돌보지 못해도 너는 사랑받을 수 있는 아이야, 공부 못해도 너는 소중한 아이야, 완벽하지 않아도 괜찮아, 실수해도 괜찮아."

지현 씨는 그렇게 내면의 상처받은 아이와 조금씩 만나고, 자신이 얼마나 힘들었을지, 얼마나 오랜 시간 동안 가혹한 비판자의 목소리에 따라 스스로를 아프게 해왔는지 깨닫고 감정을 살피고 다독이는 힘을 키워나갔다.

자신의 모습 그대로 사랑받아보지 못한 아이들은 어떻게 자기를 사랑해야 할지 모른다. 성인으로서 이제 그들은 자신의 잃어버린 아이를 성장시키고 돌보는 법을 배워야 한다.

__ 매리언 우드먼Marion Woodman(시인·심리학자)

당신도 이 가혹한 비판자를 안에 두고 살아가고 있지 않은가? 그렇다면 다음 작업을 통해 당신 안의 잃어버린 아이를 일으키고 돌보는 연습을 해보기 바란다. 가혹한 비판자의 목소리와 이별하고 당신의 진짜 목소리를 발견하기 바란다. 스스로를 대하는 따뜻한 목소리로 다시 일어날 수 있도록, 새 힘을 얻어 살아갈 힘을 낼 수 있도록 말이다.

✏️ 나를 다정하게 대하는 목소리 출현시키기

- **상황**

준비한 발표에서 너무 긴장한 나머지 실수를 했다.

- **가혹한 비판자의 목소리**

'완전히 망했어!'

'발표도 못하는 나는 형편없는 존재야.'

'사람들이 다 비웃을 거야.'

- **내 마음을 알아주는 나의 목소리**

'잘하고 싶었는데 실수를 해서 내가 지금 속상하구나.'

'잘하고 싶은 마음이 컸나 봐.'

'다음엔 긴장하지 않도록 많이 연습하면 될 거야.'

'발표 한 번 망쳤다고 내가 형편없는 사람이 되는 건 아니야.'

'누군가의 평가와 상관없이 나는 내 가치를 알아.'

- 상황

- 가혹한 비판자의 목소리

- 내 마음을 알아주는 나의 목소리

거친 말 중독자는
일단 멀리하자

●
●
●

'근주자적근묵자흑近朱者赤近墨者黑'이라는 고사성어가 있다. '붉은색을 가까이하는 사람은 붉게 물들고 검은색을 가까이하는 사람은 검게 물든다'는 뜻으로, 주변 사람에 따라 자신의 행동과 마음도 달라짐을 의미한다. 나는 이 고사성어가 감정의 영역에서 특히나 잘 들어맞는다고 생각한다.

내게는 A라는 친구와 B라는 친구가 있다.

A를 만나면 늘 다이내믹한 하루를 경험하게 된다. A는 식당에서 음식이 늦게 나오면 주인을 불러서 서비스에 대해 훈

계를 한다. 차를 타고 가다 누군가 앞지르기를 하거나 난폭한 운전을 하면 창문을 열어서 시원하게 말 한마디를 해줘야 직성이 풀린다. 친구의 감정과 그 감정의 변화를 지켜보는 것만으로 나의 감정 에너지도 함께 소진되어버린다. 친구와 함께 있을 때는 외부의 자극에 덩달아 신경이 곤두서고, 별일 아닌 일에도 늘 친구의 눈치를 보게 된다.

반면 B와 만나는 날은 온종일 마음이 평온하다. 어떤 사건 사고가 벌어져도 친구는 동요하는 법이 없다. 종업원이 음식을 잘못 내어주거나 음식에 벌레가 들어가 있거나, 누군가 자기 발을 밟고 지나가도 B의 감정은 한결같다. 친구는 미소를 지으며 말한다. "주인이 바쁜가 보다", "장사가 정말 잘되는 집이네". 무례한 사람들에게조차 여유로운 모습을 보이고 이해하는 B와 함께 있으면 내 마음까지 넉넉해지는 기분이 든다. 그러다 보니 나는 기분이 울적하거나 감정의 에너지가 부족할 때는 자연스럽게 B에게 연락하게 된다. A와 있으면 친구의 급변하는 감정에 내 감정이 휘말리는 것을 감당해야 하기 때문이다.

감정은 움직이는 것이라 타인의 영향을 아주 쉽게, 그리고 강하게 받는다. 누군가 화를 내는 모습을 보고 있으면 덩달아 부정적인 감정이 생기고, 누군가 슬퍼하는 모습을 보면 눈물이 고이는 경험을 한 적이 있을 것이다. 이러한 감정의 작용을 심리학 용어로 '감정 전이transfer of affect'라고 부른다.

거친 감정은 쉽게 전이된다

작은 일에도 거친 말을 쏟아내고 사소한 일에 과민하게 반응하는 사람과 함께 있으면 감정이 전이되어 자신의 감정을 지키지 못하게 될 수 있다. 반면 같은 상황이라도 평온한 마음을 유지하는 내면의 힘을 가진 사람과 함께 있으면, 화날 만한 상황이라도 다른 관점으로 세상을 바라보고 두루두루 이해하는 지혜가 생기기도 한다.

감정은 타인으로부터 쉽게 영향받고 자신의 행동 양식에 변화를 일으킬 만큼 그 영향력이 크다. 자신이 요즘 들어 부정적 감정에 쉽게 압도당하고 부쩍 우울해졌거나 감정 조절에 어려움을 겪고 있다면, 자주 만나는 사람들이 감정을 어떻게 다루는지 살펴보는 것이 필요하다. 그것이 자기에게서 비롯된 감정인지, 주변 누군가로부터 옮겨온 감정인지 점검해봐야 할 때다.

탈무드에는 주위에 어떤 사람들 두어야 하는지에 관한 지혜로운 명언이 나온다.

친구에는 세 종류가 있다. 첫째는 음식과 같은 친구로 매일 만나야 한다. 둘째는 약과 같은 친구로 이따금 만나야 한다. 셋째는 질병과 같은 친구로 피하지 않으면 안 된다.

만약 누군가 만나고 돌아왔을 때 말투가 거칠어지고 신경이 곤두선다면 그 원인이 질병과도 같은 사람 때문이 아닌지 점검해보자. 자신의 감정을 지키기 위해서라도, 우리는 약과 같은 친구를 더 가까이할 필요가 있다.

학대적인 사람과 거리 두기

지금 관계 맺고 있는 사람이 질병과 같은 사람인지 어떻게 알 수 있을까? 학대와 분노 조절 분야에서 인정받는 심리치료사 비벌리 엔젤은 『사랑도 치유가 필요하다』에서 학대적인 사람들, 우리가 피해야 할 질병을 옮기는 사람들의 성격적 특징을 다음과 같이 안내한다.

- 다른 사람을 지배하고 통제하려는 욕구가 강하다.
- 자신의 모든 문제에 대해 다른 사람을 탓하고, 자신의 모든 낙담과 좌절을 다른 사람에게 화풀이하며 푸는 경향이 강하다.
- 언어 학대를 일삼는다.
- 정서적 폭발이 잦고, 때로는 신체적 폭발을 보인다.
- 자신을 얕보거나 모욕한 사람들에게 앙갚음해주고 상처를 주고 싶은 욕구가 주체할 수 없이 강하다.

이들은 항상 자신의 욕구를 최우선으로 생각하며 다른 사람의 욕구와 감정은 노골적으로 무시하는 태도를 보인다고 그녀는 덧붙여 말한다. 또한 자신과 접촉하는 거의 모든 사람의 삶을 엉망으로 만들어버리기 때문에 이들과 관계 맺을 때의 정서적 손실을 경계해야 한다고 경고한다. 만약 이들과 친밀한 관계에 들어서면 정서적 학대를 경험하게 될 것이고, 그런 경험이 반복되면 자신감, 자기 가치감이 고갈되어 자기 존중감이 낮아진다. 자존감과 정서적 손실을 지키기 위해 할 수 있는 방법은 그 사람에게서 멀리 떨어지는 것뿐이라고 그녀는 전한다.

거리를 두는 게 죄책감이 든다면

가까운 사람이 정서적 학대자라는 사실을 알고 난 뒤에도 그들과 거리를 두는 것은 쉽지 않다. 자존감을 갉아 먹는 것보다 더 힘든 감정인 죄책감이 생기기 때문이다. 학대적인 사람이 오래도록 가까이 지낸 친구이거나 가족일 경우, 그들과 거리를 두려는 시도만으로도 스스로를 '불효자', '의리 없는 사람'이라고 느끼게 될지 모른다. 하지만 죄책감 때문에 상황을 유지하는 건 타인의 정서적 학대로부터 자기 자신을 방치하는 것임을 알아야 한다.

비행기를 탔을 때 응급상황이 발생하면 산소마스크를 연약한 아이에게 먼저 줄까, 부모가 먼저 착용할까? 매뉴얼상에서는 어른인 보호자가 먼저 착용하도록 되어 있다. 상황을 정확히 판단하고 아이를 통제할 힘이 있는 보호자가 우선 안전해야 약자를 챙기고 돌볼 수 있기 때문이다. 정서적 학대를 경험하고 있는 사람들은 마치 아이에게 먼저 산소마스크를 씌워주지 않는 것에 대해 '비윤리적'이라며 말하고 죄책감을 느끼는 것과도 같다.

상대의 거친 말과 격변하는 감정으로 계속해서 상처받고 부정적 영향에 노출된다면 그렇게 전이된 감정이 결국에는 상대에 대한 원망과 미움으로 물들어 관계에도 좋지 않은 영향을 줄 수 있다.

　그들과 거리를 둔다는 것이 잠깐은 죄책감을 일으킬지 모르나, 그 시간은 우리가 먼저 산소마스크를 쓰는 시간과도 같다. 그동안 외부의 자극으로부터 영향받지 않고, 약이 되고 음식이 되는 주변 사람을 통해 만족감과 평온함을 채워나가는 것이 먼저다. 우리가 먼저 평온함으로 가득 채워져 있을 때, 정서적으로 숨을 쉴 수 있을 때, 감정 표현이 미숙한 사람들에게 평온함이라는 산소마스크를 씌워줄 힘이 생긴다.

　어떤 사람을 곁에 두고 있는가? 마음을 거친 말의 늪에 가두고 매일같이 부정적 에너지를 깊숙이 남기는 사람과 교제하고 있지는 않은가? 그렇다면 잠시 그들과 멀리하고 아름답고 향기로운 발자국만 남기는 사람들을 가까이해보자. 자신이 그 향기로 가득해져야 부정적 에너지를 발산하는 이들에게도 그 향기를 전해줄 수 있다.

거리 두기에 죄책감이 느껴질 때 나에게 보내는 메시지

"거리 두기는 관계를 지키는 건강한 방법이야."

"거리를 둔다는 것이 곧 그 사람을 떠난다거나 미워한다는 의미는 아니야."

"내 마음을 지키고 내가 평온해야 그 사람을 만났을 때 좋은 것을 줄 수 있어."

"나는 지금 나중에 그들을 돌보기 위해 산소마스크를 먼저 쓰고 있는 중이야."

"그들이 정말로 나를 위한다면 내가 행복하기를 바랄 거야."

그 분노의 절반은
착각이다

•
•
•

호진 씨는 이른 나이에 하고 싶은 일을 찾고 사업적으로도 성공
하여 주변으로부터 부러움을 사는 사람이었다. 그런데 그는 일
을 할 때는 대범하고 추진력이 넘쳤지만, 인간관계에서는 그렇
지 못했다. 상대방의 농담이나 말을 쉽게 넘기지 못하는 자기
모습을 보며 괴로워하기 일쑤였다. 사소한 말 한마디에도 욱하
는 감정이 솟구쳤고, 더 심한 말로 상대방을 비난하지 않으면
견딜 수가 없었다. 어떤 식으로든 자신이 받은 감정적인 상처를
되갚아줘야 한다는 생각 탓에, 곁에 있는 사람들은 점점 그를
멀리했다.

호진 씨는 어린 시절 아버지에게 학대당한 경험이 있었다. 또 잦은 부부싸움을 지켜보며 늘 공포에 떨어야 했다. 싸우는 부모님을 말리다가 도리어 호된 매질을 당하기도 하고, 공포와 슬픔에 숨죽여 울다 눈물 자국을 들키기라도 한 날엔 또 매를 맞았다. 두려움에 휩싸여도 어린 호진 씨는 화를 낼 수도, 울 수도 없었다.

이런 탓에 어린 시절부터 호진 씨는 감정을 느끼는 것 자체가 두려움이었다. 호진 씨의 무의식은 자신을 보호하기 위해 아무 감정도 느끼지 않기를 선택했고 감정을 차단해야 했다. 어느 순간부터 부모의 다툼이 시작되면 아무도 없는 방에 들어가 혼자 귀를 막고 멍하니 앉아 있었다. 무서워하지도, 슬퍼하지도 말아야 했기에 아무 감정도 느끼지 않으려 부단히 애를 쓰며 그곳에 혼자 있었다.

그렇게 호진 씨 내면의 감정은 서서히 경직되어갔다. 오롯이 느끼고 꺼내야 마땅한 슬픔, 괴로움, 외로움, 분노 들은 알아주는 이 없이 돌처럼 딱딱하게 굳어갔다. 호진 씨에게 이것들은 느껴서는 안 되는 감정들이었다. 감정을 밖으로 꺼내어 표현한다는 것은 감히 상상조차 할 수 없었고, 아주 작은 불편한 감정에도 두려움에 떨어야 했다. 부모님이 이혼할 무렵에도 호진 씨는 눈물을 흘리지 못했다.

그런 그가 상담을 하며 비로소 자신의 슬픔을 마주했다. 감정을 그토록 억압했던 어린 시절의 자신을 바라보며, 그 시절 얼마나 괴롭고 힘들었는지 마음을 만나는 과정을 이어갔다. 방 한구석에서 귀를 막고 있던 그 아이, 화가 나도 화를 낼 수 없던 아이에게 말을 걸기 시작했다.

"슬플 때는 울어도 괜찮아. 내가 네 마음을 알아."
"외로울 땐 외롭다고 도움을 청해. 네 곁의 좋은 사람들이 널 지켜줄 거야."
"화가 날 때는 화가 난다고 말해. 화를 내는 건 나쁜 게 아니야."

그 아이에게 말을 걸며 자신의 지나온 삶을 애도하자, 경직되어 있던 감정들이 쏟아져 나오기 시작했다. 그렇게 호진 씨는 한평생 참아왔던 감정을 쏟아내며 통곡했다. 한참의 통곡이 끝난 후 '울 수 있어서 너무 기쁘다'고 말하던, 슬픔과 기쁨이 동시에 서린 얼굴이 잊히지 않는다.

이후 호진 씨는 자신의 마음을 깊이 이해하며 외부로부터의 작은 공격에도 조금씩 의연해지기 시작했다.
그동안 그가 타인의 작은 공격이나 비난에 폭탄 터뜨리듯 반응했던 이유는 자신을 무너지게 할지도 모르는 부정적인 감정이 두려웠기 때문이다. 자기 안의 아주 작은 부정적인 감정이라도 자극될 때면 그의 내면아이는 혼비백산하며 두려움에 떨어야 했다. 그리고 그 두려움을 스스로 처리할 수 없어 더욱 큰 분노나 비난으로 응수하며 스스로를 지켜내려 했다. 성격이 나빠서도, 사회성이 부족해서도 아니었다. 단지 힘들었던 세월 속에 자신을 지키기 위해 만들어놓은 두터운 감정의 방패막이 무의식중에 작동했던 것이다.

호진 씨와 같이 부정적인 감정이 제대로 표현되고 수용받지 못한다면 어느 순간 부정적 감정을 느끼는 것 자체에 트라우마 반응을 일으키게 된다. 자기 안에서 금지된 감정이기 때문에 감지되자마자 압도될 것 같은 두려움에 휩싸여 감정을 조절하는 통제 능력을 잃어버리고 마는 것이다.

감정을 세세하게 나눠 느끼기

감정에 대한 두려움은 감정으로 인한 실수를 일으키게 만든다. 감정 조절의 실패로 관계에 어려움을 겪게 되거나 욱하는 감정을 표출한 뒤 과도하게 밀려드는 죄책감으로 인해 부정적 감정의 악순환을 경험할 수밖에 없다. 이 악순환으로부터 벗어나기 위해서는 압도적으로 느껴지는 감정의 덩어리를 세세하게 들여다보고 느끼고 표현하는 연습이 필요하다.

우리는 '분노'라는 감정에 가장 쉽게 속는다. 압도되는 감정을 세밀히 들여다보지 않으면 대부분 화로 도망가기 쉽다. 소외감, 섭섭함과 같은 감정이 일어났을 때 그걸 세밀하게 알아차리지 못하면, 그 감정을 분노로 오해하고 화내지 않아도 될 일에 크게 화를 내게 되는 것이다.

연구 결과에 따르면 다양한 감정 표현을 하지 않는 부모 밑에서 자란 아이들은 감정을 다스리는 능력이 부족하다고 한다. 아이가 그릇을 깨뜨려 부모가 깜짝 놀라고 걱정되는 상황을 예로 들어보자. 자신의 감정에 민감한 부모는 "그릇을 깨뜨려서 네가 다칠까 봐 엄마가 너무 걱정됐어"라고 자신이 느끼는 걱정과 불안, 두려움의 감정들을 있는 그대로 표현할 수 있다. 하지만 부모가 자신의 감정을 알아차리지 못하고 분노에 속는다면 "너는 도대체 제대로 하는 게 뭐야!" 하고 불안과 걱정을 화로 표출하며 아이를 비난하게 된다. 아이는 그러한 감정의 대처 방식을 내면화하여, 불편한 감정이 일어났을 때 무시하거나 회피하거나 과도하게 표출하는 습관이 고착된다. 이런 악순환의 고리가 깨지지 않는다면 아이 역시 성인이 되었을 때 감정을 다루는 능력에 어려움을 겪을 수밖에 없다.

만약 자신이 자주 욱하는 감정으로 인해 실수하거나, 스스로의 감정을 알아차리기 힘들거나, 있는 그대로의 감정을 말하기 어려워 눈물이 쏟아지거나 분노로 표출된 적 있다면, 다음 과정을 따라가며 '진짜 감정'을 발굴해내는 연습을 해보자.

『얼굴의 심리학』에서 폴 에크만Paul Ekman은 "각각의 감정은 저마다 우리 몸에서 독특한 반응을 일으킨다. 자기 몸에서 일어나는 반응을 숙지한다면 감정이 일어나는 초기에 그 감정을 행동으로 옮길지, 중단할지 결정할 수 있을 것이다"라고 말했다. '몸에서 일어나는 반응'이란 심장의 두근거림, 뒷목의 서늘함, 손끝의 저릿함, 팔의 무거움, 눈의 압력, 어깨의 뻐근함 등 신체적으로 느껴지는 변화를 말한다. 이러한 반응을 정확히 인지하고 있으면 자신의 진짜 감정으로 한 발 더 다가갈 수 있고, 감정이 보내는 신호를 알아차릴 수 있다.

실제로 국제학술지 「미국립과학원회보PNAS」에는 사람이 느끼는 감정에 따라 신체 활성도가 달라진다는 것을 보여주는 '신체 감각 지도'가 소개되었다. 연구자들은 피험자들에게 검은색 사람 실루엣 두 개를 제시하고, 특정 감정 어휘 또는 감정을 유발하는 상황을 제시한 후 하나의 실루엣에는 신체 감각이 활성화되는 부위를, 다른 실루엣에는 활성도가 떨어지는 부위를 표시하라고 했다. 실험에서 합쳐진 데이터를 토대로 분노, 공포, 혐오, 기쁨, 놀람, 사랑 등 각종 감정에 따라 변화하는 신체를 그림으로 나타냈는데, 이 그림을 살펴보면 감정에 따른 신체 반응이 세밀하게 다름을 알 수 있다.

심리치료사 존 앨런Jon Allen 박사는 『트라우마의 치유』에서 고통스러운 경험을 한 사람들의 외상을 치유하기 위해서는 정서를 억누르기보다 더 많이 느끼고 표현하며 '계발'해야 한다고 말한다. 그는 이 과정에 대해 다음과 같이 비유한다.

정서라는 것을 화려한 꽃들 사이에서 싹튼 선인장이나 가시나무, 잡초처럼 온갖 종류의 식물이 있는 화단이라고 생각하자. 아니면 아름다운 파스텔화에 강렬한 색채와 색조의 검정과 선홍색을 같이 쓴 현대회화나 칸딘스키의 작품쯤으로 생각해보자. 교향곡이 될 수도 있겠다. 이런 과정은 결코 기분이 좋다고만 할 수는 없는 더 어둡고 보다 강렬한 정서를 낙관적으로 보거나 어물쩍 넘어가는 것이 아니라 다양한 변화를 꾀하고 정교화하는 것이라고 생각한다.

자신의 신체 반응을 알아차리려 노력하고 그와 연결된 감정이 무엇인지 생각하는 과정은 정서를 계발하는 하나의 방법이다. 가짜 감정으로 피하길 반복했던 패턴을 멈추고, 이제는 신체 반응에 적극적인 관심을 기울이며 이렇게 질문해보자.

'팔에 힘이 풀리네. 이 반응이 말해주는 감정은 뭘까?'

'머리가 지끈지끈하네. 이 두통이 내게 전하는 감정은 뭘까?'

존 앨런 박사의 말처럼 평소 정서를 억누르기보다 더 많이 느끼고 계발할 때, 감정을 급작스럽게 폭발시키는 '정서 과잉'의 상태를 피할 수 있다.

내 안의 진짜 감정 알아차리기

자신이 어떤 감정에 속고 있다면 화를 내거나 상대방을 비난하며 문제를 악화시키기 쉽지만, 진짜 감정을 알아차리면 그 감정을 느끼는 자신과 상대, 상황을 보다 깊이 이해할 수 있게 된다. 이 연습은 있는 그대로의 감정을 인지하고 전달할 수 있게 도와주기 때문에 관계에서의 갈등과 불필요한 감정 소모를 줄여준다.

분함	슬픔	섭섭함	괘씸함
속상함	초조함	민망함	권태감
당황스러움	절망감	허탈함	소외감
긴장감	쓸쓸함	원망스러움	수치심
야속함	답답함	자책감	서운함
지겨움	억울함	수치심	불안감
황당함	미움	짜증	실망감
불쌍함	거부감	불만	배신감
외로움	후회	혐오감	두려움
걱정	조급함	답답함	증오심
적의	분개심	질투심	초조함
경계심	의심	낙담	난처함
불편함	상심	의기소침	당혹감

- **상황**: 남자 친구가 바빠서 종일 연락이 안 되었다.
- **속고 있는 감정**: 분노
- **나의 진짜 감정**: 속상함, 외로움, 걱정
- **그 감정을 느끼는 이유**:

남자 친구가 나를 신경 써주지 않는 것 같아서 속상함.

남자 친구와 친밀한 시간을 나누지 못할 때 외로움을 느낌.

종일 연락이 안 되니 무슨 일이 있는 것은 아닌가 걱정됨.

- **상황**: _____

  _____

- **속고 있는 감정**: _____

  _____

- **나의 진짜 감정**: _____

  _____

- **그 감정을 느끼는 이유**:

  _____

  _____

  _____

  _____

감정에 압도될 때 알아차림에 도움되는 메시지

"이건 무슨 감정일까?"

"지금 분노 밑에 내 진짜 감정이 숨어 있어. 그걸 찾아보자."

"이 사람이 이렇게 말했을 때 내 기분이 어떻지?"

"내가 지금 화가 난 게 아니라 슬픈 거구나."

"섭섭하다고 인정하면 지는 기분이 들어서 화가 나는 거구나."

"화로 도망가지 않고 있는 그대로의 감정을 전달하는 사람이 자신의 감정을 책임지는 사람이야."

쉼이 필요하다는 신호

.
.
.

　자신도 모르게 상대방을 감정적으로 대하게 될 때가 있다. 사소한 말 한마디에 예민해지기도 하고, 평소라면 대수롭지 않게 여겼던 일도 잘잘못을 따져야만 속이 풀릴 것 같다. 어떤 위로도 마음을 진정시키지 못하는 그런 날, 가장 필요한 것은 무엇일까? 정답은 예민해진 감정을 해결하려고 하는 모든 노력을 멈추는 것이다. 감정이 제 것 같지 않고 예민해져서 자신도 어쩔 줄 모르는 상태라면 그것은 감정적 피로가 과도하게 누적되어 '쉼'을 요청하는 신호로 봐야 한다.

　달리기를 하다가 발목을 삐끗하면 불편하고 아프지만 걸

을 수는 있다. 하지만 빨리 낫게 하려면 멈추고 발목의 상태를 유심히 살펴봐야 한다. 다친 적이 없다는 듯 평소처럼 활동하면 3일 만에 깨끗이 나을 환부가 악화돼 몇 달씩 시간과 에너지를 들여 치료해야 할지도 모른다. 마음의 상처, 감정의 생채기도 마찬가지다. 누군가에게 들은 불편한 말을 소화시키지 않은 채로 방치하고, 부담스러운 요구를 무리하게 들어주고, 자신을 함부로 대하는 사람에게서 마음을 지켜내지 않으면 삐끗한 마음은 언젠가 무너짐의 순간을 맞게 된다. 문제는 마음이 무너질 때 억눌렸던 감정들이 자신을 아프게 한 당사자에게 향하는 것이 아니라, 자신이 신뢰하고 소중히 여기는 사람들에게로 쏟아진다는 것이다. 만약 지금 가까운 이들에게 유독 감정적으로 굴어 후회하는 일이 반복된다면 마음을 점검해볼 때다. 과거에 어디에서 마음을 삐끗하고 방치해온 것은 아닌지 말이다.

어떤 사람들은 자기 마음이 다친 줄도 모르고 작은 자극에도 무너지는 자기 자신을 탓한다.

'나는 왜 말을 이렇게밖에 못 할까?'
'외부의 자극에도 흔들리지 않는 강한 사람이 되고 싶은데, 왜 이렇게 나약해빠진 걸까?'

'내 성격은 도대체 왜 이런 걸까?'

'사소한 말에도 저 사람이 미운 걸 보니 난 정말 못된 사람인가
봐.'

이런 형태의 생각과 말은 가장 돌봄받고 싶은 상태의 마음
을 호되게 야단치는 꼴이다. 스스로를 가혹하게 대할수록 삐
끗한 마음은 회복되지 않고, 돌봐줘야 할 시간과 에너지만 더
늘어날 뿐이다.

신체적 신호를 무시하지 말 것

마음이 무너져 감정이 요동칠 때 감정뿐 아니라 신체를 점
검해보는 것도 도움 된다. 개인적인 이야기를 하자면 신혼 초
나는 감정을 조절하지 못해서 신랑에게 말실수를 하거나 다
투는 일이 잦았다. 이런 시기는 일정한 주기로 찾아왔는데, 이
때만 되면 나는 작은 일에도 스트레스를 과도하게 받고 자책
감으로 괴로워했다. 관계에 대한 허무감과 공허감이 커져 혼
자 있고 싶다는 생각만 들었고, 이런 감정을 감당하지 못하는
스스로를 질책하는 악순환이 계속되었다. 머리를 털어도, 내

가 알고 있는 감정을 진정시키는 여러 방법을 총동원해도 진정되지 않았고 부정적인 생각은 나를 자꾸만 압도했다. 이러한 주기가 반복되자 옆에서 지켜보던 남편이 한 가지 힌트를 알아차렸다. 그 주기는 한 달에 한 번, 내 호르몬이 변하는 날이었던 것이다.

그날 이후, 내가 힘든 감정에 압도되어 자책하고 괴로워하고 있을 때 남편은 내게 이렇게 말했다.

"자자, 모든 생각 중지! 그날이 왔을 뿐이야."

이 패턴을 파악하고 나니 '내 호르몬이 지금 요동하는 중이네'라며 감정과 신체 반응, 생각을 좀 떼어놓고 바라볼 수 있게 되었다. 갑작스럽게 솟구치는 감정도, 부정적인 생각의 휘몰아침도 '이 시기만 지나면 흘러갈 거야'라고 받아들이니 편안하게 바라볼 수 있게 되었다.

우리의 감정은 호르몬의 변화, 피로, 질병, 스트레스 등 신체 변화에 따라 의지와는 다르게 크게 흔들리기도 한다. 누군가와 감정적인 대화가 반복되거나 나쁜 감정에 압도되는 느낌이 지속된다면 다음 질문을 통해 과부하에 걸린 신체가 보내는 신호인지, 감정의 과부하인지 알아차려보기 바란다.

- 신체적으로 아픈 곳은 없는가?

- 충분한 수면과 휴식을 취하고 있는가?

- 영양가 있는 식단으로 식사하고 있는가?

- 호르몬 변화가 있는 시기인가?

감정적 쉼이 필요한지 점검하기

- 최근 스트레스를 많이 받는 상황인가?

- 최근 누군가에게 섭섭한 감정을 말하지 않고 혼자 떠안고 있었던 적이 있는가?

- 상대방이 떠날 것 같은 두려움이 있는가?

- 외로움을 느끼고 있는가?

감정은 흘러간다

인지심리학에 '정서 추론emotional reasoning'이라는 용어가 있다. 우울증과 관련된 인지 왜곡 중의 하나로, 자신에게 느껴지는 감정에 의해 상황을 판단하고 사건을 해석하는 것을 말한다. 정서 추론의 방식을 선택하는 사람들은 '내가 기분이 불쾌했으니 분명 상대방이 잘못 말한 거야'라든가, '내가 죄책감을 느낀다면 심각한 문제를 저지른 게 분명해', '수치심을 느끼는 나는 뭔가 굉장히 잘못된 사람이야'라는 식으로, 본인과 상대, 상황을 오직 감정을 기준으로 해석한다. 그 감정이 일어난 다양한 이유는 고려하지 않고 감정에만 몰두하고 판단하다 보니 왜곡된 생각과 2차적으로 왜곡된 감정들이 발생하며 부정적인 생각에서 벗어나지 못한다.

감정은 흘러간다. 불쾌감, 실망감, 후회, 억울함, 분노 등 문득문득 스쳐 지나가는 감정을 일일이 붙들고 자책할 필요는 없다. 흘러가는 감정에 매여 자기를 질책하고 상대방을 비난하며 관계를 끊어내고 싶은 충동이 든다면, 그 순간 감정 자체에 속고 있는 것은 아닌지 생각해봐야 한다. 솟구치는 감정 앞에 잠깐 'STOP' 버튼을 누르고, '이게 과연 지금 이 일에서 느낄 만한 타당한 감정일까', '내 몸과 마음이 많이 지쳐 있는 건 아닐까' 점검해보자.

글쓰기로 내면에 꽉 찬
감정의 덩어리 제거하기

•
•
•

인간은 언어를 통해 사고와 감정을 표현하는 유일한 존재다. 그런데 언어를 알면서도 그 언어로 자신의 욕구를 제대로 표현하지 못하는 사람이 많다. 아주 오랜 시간 전부터 자신의 감정을 억압해야 했고, 기분을 드러내지 않고 꽁꽁 숨기는 것에 익숙해졌기 때문이다. 미처 표현하지 못한 감정들이 내면에 가득 쌓인 탓에, 누군가 톡 건드리기만 해도 감정이 한순간에 터져버리기도 한다. 상대의 내면을 잘 모르는 사람들은 그 사람을 향해 '분노 조절 장애', '감정 조절 장애'라 말하기도 한다.

글쓰기 치료로 높은 업적을 세운 제임스 W. 페니베이커James W. Pennebaker 박사는『글쓰기 치료』에서 "심리적 외상을 경험한 후 그것을 비밀로 간직한 사람들은 훨씬 더 고통스러운 삶을 살고 있다"고 말했다. 트라우마나 마음의 상처, 치유되지 못한 요소를 드러내지 않고 혼자 떠안고 있는 것이 가장 치명적이라는 것이다. 마음의 상처뿐 아니라 자신의 감정을 삭이기만 하고 표현하지 않는다면 해결되지 않은 욕구가 점점 쌓여 더 큰 독화살로 자신과 상대방을 찌르게 될지 모른다. 그런 불상사가 생기기 전에 평소 적절히 감정을 표현하는 연습이 마음 관리에 큰 도움이 된다.

글쓰기는 감정을 배출하는 가장 훌륭한 도구다

나는 글쓰기가 억압되고 누적된 감정을 표현하는 가장 좋은 배출구라고 말하고 싶다. 나 또한 네 권의 책을 집필하면서 감정이 치유되고 자존감이 회복되는 경험을 했다.

감정 표출에 미숙한 사람들은 억압된 감정을 엉뚱한 곳에서 풀거나, 반대로 깊숙이 삼키기만 되풀이해 스스로에게 치명상을 입히기도 한다. 우리는 먼저 감정이 '통제 불가능한 두려운 무엇'이 아님을 기억해야 한다. 감정이 느껴진다는 것은 그저 무엇인가로부터 반응하고 있다는 신호이며, 이 신호는 충동적인 행동이나 실수를 막아주는 보안 장치와도 같은 역할을 한다.

감정 표현이 서툴고 속으로 삭이기만 해서 답답하다면 글쓰기를 통해 감정을 꺼내는 연습을 해보자. 자신의 감정과 생각을 표현하는 매개체로 글쓰기만큼 안전하고 치유적인 도구가 없다. 글쓰기는 자신의 감정을 적절히 조절함으로써 생각을 올바르게 전하게 하고, 이로 인해 자기표현 능력을 발달시킨다. 감정을 억압하거나 폭발시키는 사람들은 감정을 다루는 방법부터가 서투르다. 올바르지 않은 형태로 감정을 전달하면서 정신적인 에너지가 소모되고, 과도한 에너지 분출이나 억압된 에너지는 정서에 불균형을 일으켜 심리적 문제를 가져온다.

감정에 이름 붙이며 자기 수용력 높이기

미술작가 가브리엘 리코Gabriel Rico는 "그 어떤 비극과 슬픔, 감정이 닥쳐오든 그것에 이름을 붙여 표현해보라"고 말했다.

단어를 골라 표현하는 과정은 우리가 느끼는 감정을 오롯이 받아들이고 표출하게 해준다고 말이다. 글쓰기는 자기 표현력을 높일 뿐만 아니라 감정을 온전히 자신의 것으로 인정하게 만든다.

언어학자 S. I. 하야카와 또한 "글로 적는 방법을 배우는 것은 생각하는 방법을 배우는 것과 같다. 우리가 글로 적을 수 없는 것은 그것을 분명히 알고 있지 못한 것이다"라고 했다.

어떤 상황에서 감정을 느낄 때 그것을 글로 적지 못한다면 감정의 소용돌이에 빠진 상태와도 같다. 하지만 글로 적고 인식할 수 있을 때 빠른 시간 안에 감정을 인정하고 받아들일 수 있을 뿐만 아니라 자신이 그 감정을 느끼고 있음을 알아차리게 되어 감정의 주도권을 잡을 수 있게 된다.

나는 자존감 향상 프로그램을 진행할 때 글쓰기를 활용한다. 그중 하나로, 종이나 컴퓨터에 떠오르는 감정을 모두 쏟아내듯 적는 방법이 있다(뒤쪽에 자세한 실행 방법을 안내해두었다).

어떠한 감정이든 머릿속에 떠오르는 것들을 적어나가다 보면 지배당하고 있던 감정을 똑바로 직시할 수 있게 되고, 그 감정을 느끼는 주체인 자신을 인식하게 된다. 적어둔 글을 다시 읽고 그때의 욕구와 감정을 재인식하면서 스스로를 더 깊이 이해하게 된다. 자기 수용력이 부족한 사람은 늘 과거의 실수를 떠올리며 후회하거나 현재의 실수를 과거의 그것과 연관시켜 자신을 질책한다. 자기 능력과 감정을 있는 그대로 받아들이지 못하는 것이다. 이런 사람들이 글쓰기를 통해 과거의 실수와 후회를 쏟아내며 확인하는 과정은 쉽지만은 않다. 그 순간에는 고통스럽고 피하고 싶지만, 계속하다 보면 당시 그럴 수밖에 없었던 이유와 그로 인해 아픔을 겪어야 했던 자신을 대면하게 된다.

글쓰기로 고인 감정의 우물을 모두 배출해보자. 불순물이 가득 찬 내면은 품고 있는 것만으로 심리적인 에너지가 많이 소모된다. 이를 글로 쓰며 배출해나갈 때 지난 것들에 대한 후회, 자책에 쓰는 에너지는 줄고 당신이 정말 바라고 소망하는 것들에 쓸 에너지를 쌓아나갈 수 있을 것이다.

감정을 배출하는 글쓰기의 효과

❶ 감정을 수용할 수 있다

어떤 상황에서 느낀 불쾌한 감정을 객관적으로 인식하지 못하면 감정에 지배당하게 마련이다. 이를 '수치심', '죄의식',

'두려움' 등의 분명한 단어로 옮겨보면 자신이 피하고 싶은 감정이 무엇인지 직면할 수 있게 된다.

❷ 과거의 실수를 확대해석하지 않게 된다

상처받은 사람들은 자신의 실수와 결핍을 크게 부풀려 생각하는 경향이 있다. 그 상황과 감정에 지배당해 작은 실수라도 과거의 상처 속으로 돌아가 똑같은 상처를 경험하길 반복한다. 이럴 때 글로 자신의 경험, 느낀 감정들을 세세하게 기록해보면 상황을 더 객관적으로 바라보고 같은 실수를 반복하지 않게 된다.

❸ 내면의 시간을 돌이켜 사건을 다시 재구성할 수 있다

과거의 실수, 죄책감을 느낀 사건을 글로 적어보자. 시간을 거슬러 자신의 행동을 수정할 수는 없지만 글을 씀으로써 복기하고 깨닫는 것은 가능하다. 실수가 주는 깨달음을 알아차리고, 과거의 상황이 현재 자신에게 주는 의미가 무엇인지 발견해본다. 이 과정은 나쁜 기억을 성장의 거름으로 삼을 수 있도록 도와준다.

아우토반을 달리듯 쓰기

감정을 쏟아내듯 기록하는 글쓰기를 나는 '아우토반을 달리듯 쓰기'라고 이름 붙였다. 아우토반은 독일의 자동차 전용 고속도로로 속도 제한이 없다. 즉 속도 제한을 두지 않고 달리듯, 쓰고 싶은 이야기를 빠르게 기록하는 글쓰기다. 머릿속을 떠도는 생각, 느껴지는 감정, 보이는 사물, 겪었던 일상 등 뭐든 검열하지 않고 기록하는 것이다. 컴퓨터든 노트든 도구는 상관없다.

이 훈련은 하나의 놀이처럼 글쓰기에 접근하여 '쓰는 즐거움'을 일깨우고, 자연스럽게 내면을 마주하게 한다. 이 과정은 명상과도 유사해서 뇌와 몸의 이완 효과도 상당하다. 그뿐 아니라 결과적으로 글쓰기 능력까지 향상시킬 수 있다.

프란치스코 살레시오Franciscus Salesius는 "말함으로써 말하는 법을 배우고, 공부함으로써 공부하는 법을 배우고, 달림으로써 달리는 법을 배우고, 일함으로써 일하는 법을 배우듯이 사랑함으로써 사랑하는 법을 배우라"라고 말했다. 글쓰기로 내면을 훈련하여 감정의 주도권을 줄 힘을 키우고, 감정을 발산하며 마음을 치유해보기 바란다.

✏️ 아우토반을 달리듯 글쓰기 연습

1. 컴퓨터에 파일을 저장할 폴더를 만든다. 수기로 작성하려면 노트와 필기구를 준비한다.

2. 떠오르는 생각을 마구 적어 내려간다. 맞춤법을 틀려도 괜찮다. 욕도 괜찮다. 아무 말이나 적어보자. 형식에 얽매이지 말고 감정을 나타낼 수 있는 이모티콘을 써도 좋다. 내 안에 있는 것들을 밖으로 쏟아낸다는 느낌으로 써 내려가보자.

3. 조금 익숙해졌다면 이제는 키워드를 정해서 써보자. 예를 들어 가족, 사랑, 우정, 여행 등 내가 원하는 키워드나 눈앞에 보이는 사물과 관련된 단어, 끌리는 단어를 선택해 그와 관련된 주제로 글을 써본다.

4. 다음으로 시간을 설정해보자. 알람 시계를 최소 1분에서 최대 10분으로 맞추고 선정한 키워드에 맞게 글을 써보자. 처음에는 1분으로 시작해 나중에는 10분 혹은 그 이상 동안 종료 알람이 울릴 때까지 계속 적어나가자.

추천 키워드: 가족, 오늘 하루, 감정, 나, 어린 시절, 꿈, 미래

_____

_____

_____

_____

_____

_____

_____

_____

_____

_____

_____

_____

_____

_____

_____

_____

감정과 화해하는 순간
감정의 주인이 된다

●
●
●

나는 감정 조절이 참 힘든 사람이었다. 내면을 들여다보고 마음 공부를 하기 전까지는 순간적으로 치솟는 감정 때문에 관계를 그르치는 실수를 하기도 했다. 감정을 다스리는 내적 힘도 없었고 나도 모르게 감정이 욱하는 이유도 몰랐다. 그러다 상담을 공부하면서 비로소 내 안에 응어리진 감정들의 원인을 알고 이해할 수 있게 되었다. 원인을 알고 나자 그 감정들을 다스릴 힘도 서서히 생기기 시작했다. 이런 경험이 있기에 감정 때문에 괴로워하고 자책하는 사람들의 이야기가 생생하게 와 닿는다.

욱하는 감정이 잘 일어나는 이유는 무엇일까? 국어사전에서는 '욱하다'를 '앞뒤 헤아림 없이 격한 마음이 불끈 일어나는 마음 상태'라고 설명한다. 욱하는 감정은 분노보다 '격노'에 가깝다. 분노와 격노의 차이점이라면, 분노는 화가 날 때 느껴지는 감정으로 주로 불편한 상황이나 부당한 것을 마주했을 때 본능적으로 올라오는 감정이다. 이런 분노의 감정은 상황이 해결되면 자연스럽게 진정된다. 반면 격노는 상황이 해결되어도 쉽게 진정되지 않는다. 격노는 아주 어린 시절부터 축적되어온 상처로 인해 형성된 감정이기 때문이다. 있는 그대로 수용받지 못하고 공감받지 못할 때, 저 깊은 무의식에는 격노를 일으키는 감정의 덩어리들이 자리 잡기 시작한다. 격노는 우리에게 있는 그대로의 감정을 느끼고 표현하는 데 큰 어려움으로 작용할 뿐 아니라 자신과 관계를 해치는 장애물이 된다.

분노에 대한 분노

격노는 부정적인 감정 자체에 대한 해소되지 못한 감정과 뿌리 깊은 상처가 있을 때 우리의 감정을 지배하기도 한다.

『나는 더 이상 눈치 보지 않기로 했다』를 읽은 독자라면 알겠지만, 나의 어린 시절은 감정적으로 폭풍 속에 있는 것과 같았다. 감정을 있는 그대로 느낄 수도, 표현할 수도 없었다. 싸움이 잦은 부모님의 분노 폭발로 인해 자주 두려움에 떨곤 했다. 다툼 중에 언제 폭발할지 모를 부모님의 감정을 두려워하며, 그것을 진정시키고 달래기 위해 애써야 했다. 내 안의 두려움은 숨긴 채 부모님의 곁에서 수없이 사랑한다고 말하며, '당신의 마음을 알아주는 딸인 내가 있다'고 공감과 지지의 말을 했다. 그도 통하지 않으면 제발 화내지 말라고 빌어보기도 하고 눈물로 호소해보기도 했다. 그러나 이런 노력들은 늘 실패했다. 예측할 새 없이 부모님의 분노가 폭발하면 이내 벌어지는 아찔한 상황을 두 손 놓고 바라보고 있어야 했다. 온몸이 굳은 채로 내가 할 수 있는 일이라고는 그 공간을 가득 채운 '분노'라는 감정을 저주하는 것뿐이었다.

폭풍 같은 상황이 지나고 나서도 분노에 대한 분노는 내 안에서 쉽게 사라지지 않았다. 슬픔과 좌절에 파묻힌 어머니와 분노와 후회에 휩싸여 방으로 들어가버린 아버지 사이에서, 어린 소녀가 느끼는 두려움과 분노를 이해해주거나 공감해주는 사람은 없었다. 그렇게 내 마음 안에서는 분노에 대한 오해만 계속해서 커져갔다.

성인이 되어서도 나는 부정적인 감정에 참 취약했다. 특히 분노라는 감정은 내 잠재의식 속에 '모든 것을 파멸로 이끄는 아주 나쁜 감정'으로 각인되어 있었다. 분노에 대한 공포, 불안에 대한 공포, 공포에 대한 공포가 덧붙여져, 감정을 있는 그대로 자각하고 표현하기가 어려웠다. 내 안에서 분노라는 감정이 느껴질 때면 나는 혼비백산을 했다. 마음속에 분노가 가득 차 있을 때 누군가 나에게 "제발 좀 참아"라고 말하는 걸 도무지 받아들일 수 없었다. 내 마음에 생긴 분노를 참는다면 그 감정을 가지고 있는 내가 숨이 막혀 죽을 것만 같은 위협을 느꼈기 때문이다. 부정적인 감정은 나에게 위협적인 존재였다. 나는 부정적인 감정이 들면 내가 경험해왔던 감정 표출 양식 그대로 폭발시키거나, 이 무시무시한 감정이 밖으로 조금이라도 새어나가지 못하도록 억압하는 잘못된 감정 표출 방식을 반복하고 있었다.

치유의 과정에서 마치 뒤통수를 맞는 듯 깨달음을 얻을 때가 있었는데, 그중 하나가 바로 분노가 나쁜 감정이 아니라는 사실을 깨달았을 때다. 오랜 시간 동안 나는 분노라는 감정을 경멸하고 두려워하고 있었는데, 다른 사람들은 나와 같은 태도로 그 감정을 다루지 않고 있다는 사실이 큰 충격으로 다가

왔다.

그 후로 상담 공부를 하고 개인 분석을 받고 수련 과정을 거치며 감정을 마주하는 여정이 이어졌다. 감정을 두려워할 수밖에 없었던 어린 소녀의 상황과 마음을 이해하고 수용하며, 그런 비참한 시간 속에서도 스스로를 지켜낸 나를 애도하는 과정을 수없이 반복하며 내 안에서 경직된 감정의 유약함을 보살펴주었다.

나쁜 감정이란 없다는 사실이 믿어지지 않는다면

"본래부터 좋거나 나쁜 일은 없다. 생각이 그렇게 만들 뿐이다"라는 셰익스피어의 말처럼, 감정에 좋고 나쁜 건 없다. 감정은 생각처럼 자연스럽게 느껴지는 것이고 당신이 느끼는 건 그게 뭐든 충분히 자연스러운 감정이다. 감정은 '느끼는 것'이지 우리를 '조종하는 것'이 아님을 기억해야 한다.

지난 삶에서 특정 감정에 대해 잊을 수 없는 상처를 경험했다면 부정적인 감정에 붙여놓은 오해의 꼬리표를 떼어내고 감정과 화해할 필요가 있다. 며칠 전 친구와 대화를 하다 감정과 화해하는 과정과 아주 유사한 에피소드를 듣게 되었다.

친구 회사에는 대부분의 직원이 싫어하는 직원 A가 있었다. 친구는 A와 말도 섞어본 적 없었지만, 주변 사람들의 이야기를 듣고 나니 A가 곁에 올 때마다 마음이 불편했다. 왠지 모르게 A의 눈빛이 마음에 들지 않았고 건방져 보이기까지 했다. 그와 가까이하면 상처를 받을 것 같아 대화할 수 있는 상황에도 멀리하곤 했다. 그러던 어느 날, A와 둘이서 진행해야 하는 프로젝트를 맡아 회의실에 단둘이 있게 되었다. 불편하지만 어쩔 수 없는 상황이라 말이나 걸어보자 싶어 이야기를 주고받기 시작했다. "둘만 있으니 어색하네요", "날씨 많이 춥죠?", "집이 어디예요?" 같은 일상적인 대화를 주고받으면서 친구는 적잖이 놀랐다. A가 자신이 알고 있는 사람과 전혀 다른 사람이었기 때문이다. 그는 생각보다 친절했고, 성향 면에서 친구와 비슷한 점도 많았다. 수줍고 내향적인 성격 탓에 오해받는 부분이 많다는 것도 알게 되었다. 그 후 친구와 A는 힘들 때 서로 의지하는 친밀한 동료 사이가 되었다.

감정은 내버려두면 흘러가는 탱탱볼이다

분노, 수치심, 죄책감, 질투 등은 대부분의 사람이 피하고 싫어 하는 감정이다. '나쁜 것', '들켜서는 안 되는 것', '느껴서는 안 되는 것', '솔직하게 표현해서는 안 되는 것'이라고 오해한다. 이런 오해를 계속 갖고 있으면 분노와 죄책감 따위가 느껴질 때마다 느껴서는 안 되는, 가까이해서는 안 되는 무언가를 곁에 두고 있다는 잘못된 생각에 사로잡힌다. 그리고 그 감정에 '나쁜 것'이라는 낙인을 찍고 있는 그대로 표현하거나 수용하지 못하게 된다.

자기 안에서 느껴지는 분노와 죄책감을 '나쁜 것'이라고 낙인찍어버리면 때때로 분노에 휩싸이고 질투심에 사무치는 자신, 외로움과 좌절감에 허덕이는 자신에 대한 부정적인 낙인으로 이어지게 된다.

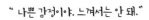
"나쁜 감정이야. 느껴서는 안 돼."

"내가 나쁜 감정을 가득 품고 있어.
이 감정을 느끼는 나는 뭔가 잘못되었어."

232

물에 동동 뜬 탱탱볼을 떠올려보자. 탱탱볼이 물에 잠겨 있게 하려고 손으로 아무리 눌러봐야 공은 계속해서 수면 위로 떠오르려 할 것이다. 우리의 감정은 물위의 탱탱볼과 같다. 이 공을 계속 물속에 집어넣으려고 고집하면 그냥 내버려두는 것보다 더 큰 에너지가 소모되고, 그러는 동안 머릿속은 공의 존재를 끊임없이 의식하게 된다. '나쁜 것이니 무조건 억눌러야 한다'라는 강박은 결국 '더 깊이 누르지 못했다'는 자책으로 이어진다.

내 안의 부정적인 감정과 화해하기

부정적인 감정이 자책으로 이어지는 악순환에서 벗어나려면, 우선 감정에 대한 오해를 버리고 자기 안의 부정적 감정과 화해하는 시간이 필요하다. 그러기 위해 우선 자신이 두려워하는 감정의 장단점을 생각해보면 좋다. 사람은 모두 장단점이 있고 그것을 통합해서 받아들일 때 발전이 있듯, 자기 감정의 장단점을 제대로 분석할 줄 알면 감정을 성숙한 태도로 대할 수 있다.

❶ 내가 정말 느끼기 싫은 감정 골라내기

부담감	경쟁심	억울함	열등감
외로움	수치심	시기심	두려움
분노	무력감	허무감	슬픔
불안	공포	소외감	적개심

❷ 내가 두려워하는 그 감정의 장단점 적어보기

• 부담감의 장점: 능력을 더 발전시키는 동력이 된다.

• 부담감의 단점: 여유롭고 편안한 마음을 유지하기 힘들다.

• _____의 장점: _____

• _____의 단점: _____

흔히 수치심은 인간의 가장 취약한 감정이라 여긴다. 하지만 존 브래드쇼는 『수치심의 치유』에서 수치심이라는 감정에 대한 새로운 관점을 제시한다.

사실 수치심 그 자체는 인간이 가지고 있는 감정으로 나쁜 것이 아니다. 수치심은 교만한 우리 자신이 인간임을 깨닫고 신 앞에

겸손하게 만든다. 그래서 우리가 부족하고 유한한 존재라는 것을 받아들이고 감사하게 만든다. 왜냐하면 수치심으로 말미암아 우리는 자신의 한계를 알고 우리가 실수할 수 있으며 도움이 필요한 존재라는 사실을 알려주기 때문이다.

수치심은 자신이 지향했던 사람이 못 되고 있음을 일깨우지만, 한편으로는 더 나은 사람이 될 수 있도록 동기를 부여하는 감정이기도 하다. 또한 미처 알지 못했던, 혹은 피하고 싶어 외면했던 자신의 모습을 발견하게 하기도 한다.

다음은 존 브래드쇼가 말하는 수치심의 장점들이다.

1. 인간의 교만을 뿌리 뽑아준다.
2. 실수할 수 있음을 알려준다.
3. 우리의 한계를 인식하게 해줘서 에너지를 효과적으로 사용하는 법을 가르쳐준다.
4. 변화되지 않는 일, 불가능한 일에 매달리는 것을 방지한다.
5. 도움이 필요한 인간임을 깨우쳐 관계로 나아가도록 돕는다.
6. '나는 잘 알지 못한다'는 수치심은 호기심을 가지고 새로운 정보에 대한 탐험과 배움을 지속하게 해준다.

그 외에도 우리가 흔히 부정적이라 없애야만 한다고 생각했던 감정들에도 장점은 많다. 또 하나의 예로 분노는 자신을 지키게 만드는 감정이다. 심리치료 전문가 수잔 포워드Susan Forward는 『상처 주는 엄마』에서 분노의 감정에 대한 오해를 벗겨준다.

많은 사람이 '화는 위험하고 통제하지 못하는 힘'이라고 잘못 알고 있다. 그러나 자동차 계기판의 빨간 경고등처럼 그것은 무언가 잘못되었고, 변화가 필요하다는 강력한 신호다. 누군가에게 모욕당하거나 이용당할 때, 자신의 욕구가 충족되지 않을 때, 그리고 누군가가 권리나 존엄성을 짓밟을 때 나타난다. 건강한 감정의 반응은 그 순간 멈추고 이렇게 묻는다.
'무슨 일이 일어난 거지? 문제가 무엇일까? 이 감정을 바꾸기 위해 필요한 것은 무엇이지?'

이 외에도, 두려움은 과도한 위험과 도전으로부터 적절하게 균형을 잡을 수 있도록 우리를 지켜주고, 외로움은 혼자서 시간을 잘 보낼 수 있도록 생산적인 일을 구상할 시간을 갖게 한다. 단어를 듣는 것만으로 몸이 쪼그라들 것만 같은 격렬한 감정들에도, 일면 우리를 지켜주고 보호해주는 부분이 있다고 생각하면 마음에 위안이 된다.

부정적 감정은 뜨거운 불에 손을 데었을 때 느껴지는 고통 신호와도 같다. 이 고통이 아파서 우리는 느끼지 않으려고 하지만, 고통을 느낄 수 있다는 것 자체가 사실은 축복이다. 부정적 감정을 전혀 못 느낀다는 건 뜨거운 불에 화상을 입으면서도 통각이 없어 위험을 알아차리지 못하는 상태와도 같다.

 부정적 감정이 두려울 때 나에게 보내는 메시지

• 현재로 돌아오기

'또다시 과거의 슬픔이 나를 찾아왔네. 과거의 슬픔이 나를 압도하도록 내버려두지 않을 거야. 현재 나에게 주어진 감사한 것들을 생각해보자.'

• 감정에 머무르기

'너무 우울해. 이 우울감이 내게 무엇을 전하려는 건지 한번 느껴보자. 신체 감각, 호흡에 집중하고 떠오르는 감정들을 생각해보며 감정에 머무를 수 있어.'

• 감정에 대한 주도권과 선택권이 나에게 있음을 인식하기

"분노가 끓어올라. 폭발시켜버리고 싶지만 나는 분노를 조절할 힘도 갖고 있어. 어떤 선택을 할지는 나의 몫이야."

부정적 감정에 별명 붙이고 말 걸기

감정에 별명을 붙이고 말을 거는 과정은 우리가 감정에 압도당하는 존재가 아니라 그것의 주체임을 인식하고 수용하는 하나의 방법이 된다.

유독 두려워하는 감정이 있다면 그것에 별명을 붙여보자. 수치심이라면 '치심이', 불안이라면 '덜덜이' 하고 말이다. 또 가능하다면 캐릭터로 그려봐도 좋다. 그리고 그 감정이 찾아왔을 때 별명을 부르거나 캐릭터를 보면서 말을 걸어보는 거다.

'덜덜이 왔니? 널 너무 두려워하지는 않을 거야. 네가 내 곁에 온 건 이유가 있어서일 테니까. 내가 다 이해할 수 없어도 잠시 쉬었다 갈 수 있도록 기다려줄게.'

'치심아, 네가 날 찾아올 때마다 내가 너무 두려워해서 당황했지? 더 큰 실수를 하지 않도록 나를 지켜주려고 찾아왔다는 걸 이제는 알아. 오해해서 미안해.'

자기 안의 감정을 돌보고 관찰할수록 감정은 더더욱 섬세하게 분화될 것이다. 교향곡의 웅장한 연주음 속에서 각각의 소리가 무엇으로 연주되는지 알아차릴 수 있게 되는 것처럼 말이다. 섬세하고 감각적인 알아차림은 자신을 더 깊이 이해할 수 있도록 도와줄 뿐 아니라 감정을 직시함으로써 감정에 대한 두려움을 줄이게 해준다. 오늘 어떤 감정 앞에서 불편함과 두려움을 느꼈는가? 그 감정은 단지 당신 안에서 당신을 지키기 위해 소리를 내고 있는 것일 뿐이다. 당신이 관심을 갖고 올바르게 표현될 수 있도록 조율해준다면, 그 감정은 다시 예쁜 소리가 되어 다른 감정들과 조화를 이룰 것이다.

내가 나의 양육자가 되어준다는 것

얼마 전 출산을 했습니다. 저와 남편을 닮은 예쁜 딸아이가 태어났죠. 이 작은 생명을 마주하며 먼저 든 생각은 '나 역시 이 아이의 완벽하게 깨끗한 거울일 수는 없겠구나'였습니다. 배고프다고 울고 잠 온다고 울고 하루 종일 안아줘야 하는 아기를 돌보면서, 쉽게 마음이 무너지고 우울감이 찾아와 웃음을 잃어버리기도 했죠. 정신적·신체적으로 뒤흔들리는 순간에 저의 불안과 조급한 마음이 아기에게 전달되지 않도록 마음을 지키는 일은 생각보다 정말 어려웠습니다. 나의 돌봄이 전부인 아기에게 완벽한 돌봄과 온전한 평안함을 전해주기에, 내 욕구와 감정이 우선인 저는 너무나도 연약하고 이기적인 사람이었습니다. 이를 깨닫는 동시에 부모님을 원망했던 시간들이 떠올랐습니다. '내가 부모로부터 온전하고 완벽한 사랑을 받았더라면 배려심 깊은 말과 행동을 하는 것이 자연스러울 텐데, 왜 나는 무언가 고장 난 사람처럼 말하고 생각하는 것조차 의식적으로 점검하고 노력해야 할까?'라며 탓하고 원망하던 시간들이요. 성인이 되어서도 '왜 내가 원하는 모양의 사랑을 주지 않았느냐'고 화를 내고 사과를 요구하고는 했죠. 물론 그 시간들은 제 상처를 애도하는 데 필요한 과정이었지만, 부모가 되고 나서야 완벽한 돌봄과 사랑이 얼마나 어려운 일인지 완전히 이해하게 된 것 같습니다.

『나는 더 이상 눈치 보지 않기로 했다』를 출간하고 강연을 다니며 '네 잘못이 아니야'라는 말을 스스로에게 자주 하라는 이야기를 했었습니다.

그랬더니 한 청중이 물었습니다.

"그럼 이 상처들은 부모의 잘못이란 말이죠?"

'네 잘못이 아니야'라는 말이 그분에게는 부모 탓을 하라는 말처럼 들렸나 봅니다.

저는 그분께 대답했습니다.

"그 누구의 잘못도 아닙니다. 다만 우리가 연약하고 온전하지 못한 인간이기에 서로에게 상처를 줬던 것일 뿐이죠. 이제 그 잘못을 탓하기보다, 내가 나에게 좋은 양육자가 되어 그 상처를 돌봐줘야 할 뿐입니다."

부모가 특정한 말을 자주 해서 자신이 그 말에 유독 취약하다는 걸 의식적으로 알아차리기 위해 애쓰는 것만으로, 상처에서 벗어나는 큰 도약이 됩니다. 내면의 상처는 알아주는 대상이 나타날 때 치유가 시작되기 때문이지요. '내가 내 마음을 먼저 알아주고 돌보는 것', 이것이 스스로에게 좋은 양육자가 되는 첫걸음입니다. 이제 우리에게는 각자 자신에게 사려 깊고 따뜻한 양육자가 되어줄 힘이 있습니다.

물론, 삶은 폭풍과도 같아서 애써 쌓은 노력이 와르르 무너질 때도 있지요. 이 책에 제시된 여러 훈련을 적용하며 마음속 비판자를 잠재우려 노력했음에도 다시금 우울해지고, 스스로를 핍박하는 모습을 발견할 수도 있습니다. 그렇더라도 괜찮습니다. '아, 내가 또 나에게 가혹하게 굴었구나' 알아차리고 '좋은 부모라면 지금 이 순간 무슨 말을 들려줄까?' 고민하며 상심한 마음을 위로해주면 됩니다.

이러한 과정을 반복하다 보면, 누군가로부터 상처 입을 만한 이야기를 들었을 때 자기를 지킬 수 있는 단단한 마음의 연장이 만들어져 있을 것입니다. 정서적 학대를 받았을 때 그

일을 겪은 자신을 탓하지 않고 그 정도로밖에 말하지 못하는 상대를 불쌍히 여기는 여유를 갖게 될 것입니다. 또 누군가에게 상처 입히는 말을 뱉었거나 그와 같은 욕구를 느꼈을 때, 그 마음을 객관적으로 인식하고 먼저 사과하고 수정하는 성숙한 면모도 갖추게 되겠지요. 이 모든 변화는 관계 회복의 강력한 열쇠가 됩니다.

저 역시 말과 마음의 돌부리들을 제거하는 작업을 계속해 나갈 겁니다. 무의식에 속아 내 아이와 남편 그리고 내가 사랑하는 사람들에게 나의 상처를 대물림하지 않기 위해서 말이지요. 그 여정은 한평생 이어지겠지만 이전보다 덜 고통스러울 것이고, 더 자연스러워질 것이며, 회복의 속도는 점점 더 빨라질 거라 믿습니다.

당신도 당신 안의 참자아를 만나는 여정을 계속해나가기 바랍니다. 그 길의 종착지엔 사랑하는 사람들을 상처로부터 지켜낸 용기 있고 절제된 당신의 모습이 있을 겁니다. 이 여정이 너무 고될 것 같아 두렵다면 이것을 꼭 기억하기 바랍니다. 당신의 삶이 고단하고 지난했을수록, 당신은 메마른 사막에서 생명력 강한 꽃을 피운 '누구보다 강하게 살아남은 아이'라는 것을요.

말이 상처가 되지 않도록

초판 1쇄 발행 2020년 11월 20일 **초판 3쇄 발행** 2024년 8월 1일

지은이 노은혜
펴낸이 최순영

출판1 본부장 한수미
라이프 팀
책임편집 곽지희
디자인 조은덕

펴낸곳 ㈜위즈덤하우스 **출판등록** 2000년 5월 23일 제13-1071호
주소 서울특별시 마포구 양화로 19 합정오피스빌딩 17층
전화 02) 2179-5600 **홈페이지** www.wisdomhouse.co.kr

ISBN 979-11-91119-58-9 03180